KB066233

1945, 마지막 항해

: 폭침된 '부산행 귀국선' 우키시마호

우키시마호 희생자를 추도하는 모임

BAKUCHIN UKISHIMAMARU, REKISHI NO FUUKA TO TATAKAU
© SHIGERU SHINADA 2008
Originally published in Japan in 2008 by KOUBUNKEN Co.,Ltd. , TOKYO,
Korean translation rights arranged with KOUBUNKEN Co.,Ltd. , TOKYO,
through TOHAN CORPORATION, TOKYO, and Eric Yang Agency, SEOUL.

1945,
마지막 항해

: 폭침된 '부산행 귀국선' 우키시마호

시나다 시게루 지음 김영식 옮김

어문학사

🎗

전쟁만 아니었다면, 식민지 지배와 강제 연행만 없었다면

이 같은 비참한 일들은 일어나지 않았을 것이다.

고향 산천과 잊을 수 없는 육친과의 재회를 기다리던 사람들이

그 직전, 이국의 바다에서 하나밖에 없는 생명을 잃어버린

순난자의 심정은 어떠했을까.

1978년 8월 24일, 우키시마호 순난자의 건립실행위원회

(1998년 일부 보정, 우키시마호 순난자 추도회)

우키시마호 희생자 추도비
(1978년 8월 건립)

우키시마호 사건과 「희생자를 추도하는 모임」

　교토부 마이즈루시(京都府 舞鶴市)에는 파도가 잔잔한 마이즈루만(舞鶴湾)이 있다. 만 내의 시모사바카(下佐波賀)라는 해변에는 '우키시마호 희생자 추도 공원'이 있으며, '추도비'가 서 있다. 비의 중앙에는 치마, 저고리로 구성된 한복 차림의 여성 동상이 축 늘어진 아기를 부둥켜안고 서 있다. 동상은 추도비 앞에 펼쳐진 마이즈루만을 향하고 있고, 그녀의 발 밑에는 고통스럽게 얼굴을 일그러뜨린 5명의 남자들이 쓰러져 있다.

　이 군상은 '우키시마호 사건'을 이야기로 전하는 기념비로서, 1978년 8월, 마이즈루 시민운동에 의해 만들어졌다.

　지금으로부터 60여 년 전의 일이다. 태평양 전쟁이 끝나고 9일째인 1945년 8월 24일 오후 5시경, '우키시마호(浮島丸)'가 마이즈루만에 들어왔다. 우키시마호는 전장 114m, 무게 4,730톤에 달하는 일본 해군 수송함으로 선내에는 수천 명의 조선 사람들이 빽빽이 타고 있었다. 전쟁 중에 아오모리현(青森県)에서 일하고 있던 조선인과 그 가족들이었다. 그 대부분은 전쟁 중 강제 연행에 의해 일본에 끌려온 남성들이었지만, 여성이나 아이들도 많이 타고 있었다. 전쟁이 끝나 이윽고 고향인 조선으로 귀국할 수 있다는 기쁨이 선내에 넘치고 있었다. 우키시마호가 향하고 있던 곳은 한국 부산항이었다. 그런데 우키시마호는 갑자기 침로(針路)를 변경하여 마이즈루만에 입항하더니, 그 직후에 대폭발했다. 현장은 시모사바카 앞바다 300m 항로상이었다. 선체는 한가운데를 중심으로 두 동강이 나고, 사람들은 바다에 내던져졌다. 선내에 갇힌 채 가라앉아버린 사람도 많았다.

많은 사람들이 죽었다. 죽은 사람은 수백 명에서 수천 명이라고도 한다. 사고가 발생한 곳 부근의 해안에서는 몇 날 며칠 동안 시신이 떠올랐다.

마이즈루에서는 매년 8월 24일에 우키시마호 사건으로 죽은 사람들의 추도 집회를 열고 있다. 주최는 '우키시마호 희생자를 추도하는 모임(浮島丸殉難者を追悼する会)'(이하 '추도하는 모임')이다. 이 모임의 활동은 추도 집회 개최, 추도 공원

'우키시마호 희생자를 추도하는 모임'을 오랜 세월에 걸쳐 지탱해 온
스나가 야스로 씨(왼쪽)와 노다 미키오 씨(오른쪽). (2005년 8월 24일 추도식에서)

청소와 유지 관리, 그리고 사건을 구전하는 것이다.

　'추도하는 모임'을 오랜 기간에 걸쳐 담당해 온 사람은
스나가 야스로(須永安郞) 씨와 노다 미키오(野田幹夫, 2005년 11월
6일에 78세로 사망) 씨이다. 평범한 마이즈루 시민이기도 한 두
사람은 40년 전부터 언제나 함께 행동하며, 이인삼각으로
'추도하는 모임'의 활동을 계속해 왔다.

　나도 마이즈루 시청에 근무하면서 자원봉사로 1995년
3월에 '추도하는 모임'의 사무국에 가담했다. 사무국에 참

우키시마호 사건과 「희생자를 추도하는 모임」

가하게 된 이래, 최초의 인상으로 선명하게 남아 있는 것이 바로 추도 공원 청소에서의 체험이다.

1995년 4월, 나는 처음으로 추도 공원 청소에 참여했다. 오우라반도(大浦半島)의 해안 길을 자동차로 달려 아침 8시경 추도 공원에 도착하면, 스나가 씨와 노다 씨는 이미 도착하여 잡초를 뽑고 있었다. 이른 아침의 햇살을 받으며 스나가 씨는 밀짚모자, 노다 씨는 하얀 테니스 모자에 운동복 차림으로 추도비 주위에 몸을 굽히면서 묵묵히 잡초를 뽑았다.

두 사람이 작업하고 있는 추도 공원은 아직 아침의 고요함에 싸여 있었다. 들려오는 것은 마이즈루만을 왕래하는 조각배의 아득한 엔진 소리뿐이다. 조용하고 인상적인 광경이었다.

"추도 공원을 항상 깔끔하게 유지하는 것도 이런 사소한 작업이 있어야 가능하지……"

고령의 스나가 씨와 노다 씨가 담담하게 작업하는 모습에 가슴이 뜨거워지던 것을 기억하고 있다. 동시에 두 사람을 보면서 내게 여러 가지 생각이 솟구쳐 올라왔다.

우키시마호 사건의 희생자는 두 사람의 친척도 지인도 아니고, 만난 적도 없는 조선인들이다. 그 사람들의 추도 활동을 오랜 기간에 걸쳐 계속하고 있는 것은 왜일까?

그리고 도대체 우키시마호 사건은 어떤 사건이었을까? 왜 수천 명이나 되는 조선인이 승선하고 있었던 것일까? 희생자는 대체 몇 명이었을까?

사무국에 참가한 지 얼마 안 된 나에게는 알 수 없는 것들뿐이었다. 우키시마호 사건이나 두 사람의 추도 활동에 대한 깊은 관심이 솟아올랐다.

그런 일이 있었기 때문에 '추도하는 모임'에 참가하고부터의 즐거움은 스나가 씨와 노다 씨의 '옛날이야기'를 듣는 것이었다. 미팅이나 망년회 등에서 두 사람으로부터 여러 가지 이야기를 들었다.

농담을 주고받으면서 두 사람이 해 준 이야기는 추도비를 만들면서 고생한 이야기이거나 젊은 시절의 전쟁 체험 등이었다. 특히 사무국에서 위로회를 열었을 때에는 술기운에 여러 가지 에피소드가 나왔다. 그러나 '이것은 중요한 이야기야!'라고 생각하고 두근두근하여 듣고 있어도 다음 날이 되면 전혀 생각나지 않는다. 나도 함께 취해 있었기 때문이다.

'과분한 짓을 했구나……'라고 후회한 것도 한두 번이 아니다.

세상에는 잊어버려도 좋은 이야기와 잊어버려서는 안 되는 이야기가 있다. 스나가 씨와 노다 씨의 활동은 기록으로 확실히 남기고 싶은 이야기라고 생각했다. 그런 생각에서 시작한 것이 이 책의 집필이다.

우키시마호 사건은 60여 년 전의 일이지만, 사실 관계는 아직 명확히 밝혀지지 않았다. 희생자에 대한 보상도 이루어지지 않고 있다. 모두가 미해결 상태이다. 그리고 많은 인명을 빼앗긴 대참사임에도 불구하고 우키시마호 사건은 너무나도 알려져 있지 않다. 무엇 때문일까……

그것은 우키시마호 사건이 단지 60여 년 전의 일이기 때문은 아니다. 우키시마호 사건을 해명·해결해야 할 중요한 책임을 지고 있는 일본 정부가 사건을 확실히 조사하지 않고, 관계 자료도 공개하지 않고, 해결에 적극적인 자세를 취하지 않았기 때문이다. 그리하여 우키시마호 사건은 발생에서부터 오늘에 이르기까지 별로 주목을 받지 못했고, 관련 보도도 거의 이루어지지 않았다. 역사 연표에 기술되어 있지 않은 것 또한 많아 그에 대한 역사 연구도 적다. 결국 우키시마호 사건의 진상에 다가갈 기회 그 자체가 없었다고 볼 수 있다. 이 사건을 보다 명확히 알리고, 해결하기 위해 노력하는 일은 이제 겨우 시작되고 있다.

한국 정부에는 2004년부터 '일제강점기 강제 동원 피해 진상규명위원회'라는 국가 기관이 설치되어 있다. 2007년에는 우키시마호 사건에 대하여 마이즈루에서의 현지 조사가 있었다. 그리고 2009년에는 조사 보고서가 간행될 예정이다. 한국에서도 우키시마호 사건은 과거의 문제가 아니라, 현재진행형 문제인 것이다.

21세기의 동아시아에서는 일본, 한국, 중국의 각국이 서로 교류하고, 협력하면서 동아시아 지역의 평화와 안정을 구축해 나간다는 움직임이 강해지고 있다. 그러한 협력 관계를 확실히 하기 위해서는 과거의 역사적 사실을 해명하고, 그 역사적 평가(역사 인식)를 공유해 가는 작업이 불가결하다. '난징 대학살', '종군 위안부' 등 일본이 대처하지 않으면 안 될 과제는 아주 많다. 지금부터 일본이 한국을 비롯한 아시아 각국으로부터 신뢰받고 우호를 다지며 함께 미래를 만들어 나가기 위해서는 우키시마호 사건도 역사적 사건으로서 어떻게 해서든지 해결해야 한다고 생각한다.

이 책의 제1부에서는 스나가 야스로 씨가 추도 공원에서 행한 '우키시마호 사건의 설명'을 소개하고, 이를 단서로 '우키시마호 사건이란 어떤 사건이었나?'를 살펴본다.

제2부에서는 스나가 씨와 노다 씨가 이끌어 온 '추도 활동의 경과'를 더듬는다. 두 사람이 어떤 계기로 우키시마호 사건을 접하여 왜 추도 활동을 시작했는지, 활동은 어떤 변천이 있었고, 그것은 어떻게 변화해 왔는지 등이다. 우리들이 한국 그리고 중국과 함께 동아시아의 미래를 만들기를 바라고, 그것을 위해 행동하기 시작할 때, 약 40년에 걸친 두 사람의 발자취는 다양한 시사점을 줄 것이다.

우키시마호 사건과 「희생자를 추도하는 모임」

앞에서도 언급했지만, 우키시마호 사건은 너무나 주목받지 못하고 있다. 그리고 세월의 흐름과 함께 이 사건을 알고 있는 사람, 추도 활동을 담당해 온 사람, 그리고 태평양 전쟁의 체험자가 점점 줄어들고 있다. 그런 사정도 있기에 나는 한 사람이라도 더 많은 분들이 '우키시마호 사건'과 '마이즈루에서의 추도 활동'을 알아주기를 바라고 있다. 그러니 부디 많은 사람들, 특히 우리의 후대인 젊은 세대의 사람들이 이 책을 읽어주었으면 하는 바람이다.

마이즈루시 약도

우키시마호 사건과 「희생자를 추도하는 모임」

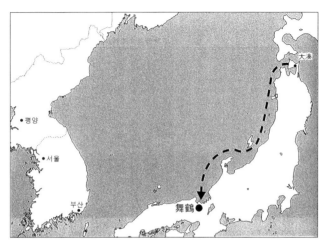

오미나토(大湊)에서 마이즈루로의 우키시마호 항로

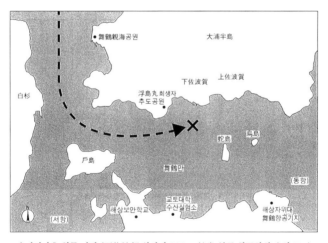

우키시마호 침몰 지점 (下佐波賀 앞바다 300m, 蛇島 부근 항로상의 수심 17m)

1945, 마지막 항해

오사카와 오키나와 사이를 운항하던 시절의 우키시마호

1941년 9월, 해군에 징용되어 특설순양함이 된 우키시마호

우키시마호 사건과「희생자를 추도하는 모임」

목차

제1부

우키시마호 사건

돛대를 바다 위에 내민 채 9년간 방치된 우키시마호, 뒤쪽은 자지마(蛇島)섬.

1. 어떤 사건이었나?

　"우키시마호 사건을 설명해 주지 않겠습니까?"

　매년, 몇몇 그룹으로부터 그런 의뢰가 '우키시마호 희생자를 추도하는 모임'에 밀려온다. 형편이 되는 회원이 설명을 하지만, 가장 횟수가 많은 것은 뭐니 뭐니 해도 사무국장인 스나가 야스로(須永安郎) 씨이다. 스나가 씨의 설명은 구체적이고 알기 쉬우므로 호평이다. 우선 스나가 씨의 설명으로 사건의 개요를 소개한다.

*

　저는 '우키시마호 희생자를 추도하는 모임'에서 사무국장을 맡고 있는 스나가 야스로라고 합니다. 1925년(다이쇼 14년)생입니다. 이곳은 우리들 '추도하는 모임'이 1978년에 만든 우키시마호 희생자 추도 공원입니다. 오늘은 멀리서 마이즈루까지 와 주셔서 감사합니다.

여러분의 눈앞에 펼쳐지는 바다, 이곳이 바로 마이즈루 만입니다. 마이즈루만에는 동항(東港)과 서항(西港)이 있습니다. 움푹 들어간 지형이기 때문에 외해(外海)에서는 만 속의 모습이 보이지 않습니다. 파도도 잔잔합니다. 그래서 1901 년(메이지 34년)에 해군 기지가 만들어졌습니다. 명칭은 '마이 즈루 진수부(舞鶴鎮守府)'라고 합니다. '진수부(鎮守府, 진주후)' 는 해군의 근거지로서 함대의 후방을 총괄하고 있습니다. 마이즈루는 동해 측에서는 유일한 해군 기지였습니다. 진 수부는 이외에도 요코스카(横須賀), 구레(呉), 사세보(佐世保) 세 곳에 설치되어 있었습니다.

또 우키시마호는 1945년(쇼와 20년) 8월 24일에 마이즈루 만에 입항해 들어왔습니다. 오후 5시가 조금 지나 우키시 마호가 시모사바카(下佐波賀)에서 앞바다 300m 지점에 접 어들었을 때입니다. 갑자기 '꽝!' 하는 큰 소리가 마이즈루 만에 울려 퍼졌습니다. 우키시마호가 대폭발한 것입니다. 순식간에 선체가 두 동강이 나 끊어지고, 처음에는 '∧자' 모양으로 중앙부가 들뜨더니 다음 순간 'V자' 모양으로 구 부러져 관성으로 약 400m나 나아가면서 조금씩 바닷속 으로 가라앉았습니다. 많은 승객이 배에서 쏟아지듯 바다 로 내던져졌습니다. 배 밑바닥에도 승객이 빽빽이 타고 있 어서, 밖으로 나가지도 못한 채 바다에 가라앉아간 사람도 많았습니다. 항로상의 폭발이었지만, 수심은 17m 정도로 낮았기 때문에 그로부터 9년간, 우키시마호는 돛대를 바다 위에 내민 채 방치되어 있었습니다.

우키시마호는 1937년(쇼와 12년)에 오사카 상선 주식회사 (大阪商船株式会社)에 의해 오사카와 오키나와(沖縄)를 잇는 항로의 화객선(貨客船)으로서 만들어졌습니다. 화물과 여객을 실어 나르는 민간의 상선이었던 셈입니다. 당시의 최신예 디젤 엔진 선박이었습니다. 크기는 4,730톤, 배의 길이는 114m였습니다.

오키나와 항로를 운항하고 있던 우키시마호였지만, 1941년(쇼와 16년) 9월에 해군에 징용되어 군용으로 쓰이게 되었습니다. 또 미국의 공습으로 세이칸 연락선(青函連絡船)이 당하고 말았을 때, 세이칸 연락선의 대체 선박으로 사용되고 있었습니다.

1945년(쇼와 20년) 8월 15일, 태평양 전쟁이 끝났습니다. 마침 그 무렵 우키시마호는 아오모리항(青森港)에서 세이칸항(青函港)으로 향하여 항행 중이었습니다. 우키시마호의 모항(母港)은 오미나토(大湊, 현재의 무쓰시)였으므로, 8월 18일에는 오미나토에 돌아와 있었습니다. 원래 민간 상선이었으므로 승무원 모두는 '전쟁도 끝났고, 아, 이제 복원(復員)할 수 있다. 고향에 돌아간다.'라는 기분이었다고 합니다.

그런데 오미나토에 돌아온 우키시마호를 기다리고 있

던 것은 한국 부산항으로의 출항 명령이었습니다. 8월 19일경이었습니다. 해군성 운수 본부의 허가를 얻어 출항 명령을 내린 것은 오미나토 경비부(大湊警備府)입니다. "아오모리현 내에서 일하고 있던 조선인 노동자와 그 가족을 조선으로 송환하라."라는 명령이었습니다. '경비부'란 진수부에 준하는 역할을 하고 있었습니다.

전쟁 중에 일본은 노동력 부족을 채우기 위해 많은 조선인을 일본에 끌고 왔습니다. 아오모리에서도 비행장이나 철도 건설에 수천 명의 조선인이 일하고 있었습니다. 강제적으로 끌려온 사람도 많았으므로 전쟁이 끝나고 겨우 조선으로 돌아갈 수 있다는 기쁨이 넘치고 있었습니다. 아울러 조선인 중에는 일자리를 찾아 온 가족 단위 노동자도 있고 일본에서 정착한 사람도 있었습니다. 여러 가지 사정을 안고 있는 사람들이 있었지만, 오미나토 경비부는 "우키시마호 이후에 떠날 배는 없다.", "일본에 남더라도 앞으로는 식량 등의 배급도 없다."라고 설명하며 우키시마호를 타고 조선으로 귀국할 것을 강요했습니다.

이렇게 모인 수천 명의 조선인은 우키시마호에 타기 위해 오미나토의 기쿠치산바시(菊池棧橋) 부근에서 승선을 기다렸다고 합니다.

한편 우키시마호 내에서는 승무원이 출항에 반대하고 있었습니다. 거기에는 여러 가지 이유가 있었습니다. 이를 테면 항해에 필요한 해도(海圖)가 없으므로 위험하다는 이유입니다. 전쟁이 끝났을 때, "군의 기밀 서류는 모두 소각하라."라는 명에 따라 선박이 보유하고 있었던 해도 등의 서류를 모두 태워버렸습니다. 일본 주변에는 미군과 일본군이 많은 기뢰(機雷)를 매설해 두었습니다. 그 위치를 기입한 해도도 불살랐기 때문에, 해도 없이 항행하는 것은 아주 위험한 일이었습니다. 여러분들 중에도 알고 계신 분이 많으리라 생각합니다만, '기뢰'라는 것은 속에 폭약을 가득 채운 커다란 쇳덩어리입니다. 일본의 기뢰는 거기에 접촉하면 폭발하도록 설계된 것이었습니다. 그것이 미군 잠수함의 움직임을 저지하기 위해 여기저기에 매설되어 있었습니다.

미국도 항구를 봉쇄하기 위해 일본 여기저기에 기뢰를 뿌렸습니다. 이 마이즈루 같은 데에도 야간에 폭격기 B29가 날아와, 낙하산을 매단 기뢰를 떨어뜨리고 가는 것입니다. 당시의 비행기는 프로펠러기였으므로, 소리가 나는 쪽을 탐조등으로 밝히며 죽 다가간 후, 다음 날 기뢰가 떨어진 곳을 찾아내어 그것을 폭발시키곤 했습니다. 마이즈루에도 대략 500개 정도의 기뢰가 B29로부터 떨어졌다고 합니다.

그런 이유로 8월 19일에 부산으로 가라는 명령이 내려졌지만, 기뢰의 위치를 기록한 해도도 없고, 전쟁이 간신히 끝났는데 지금 와서 위험한 곳에 가는 것은 싫다는 게 승무원들의 의견이었습니다. 게다가 일본은 패전국이 된 셈입니다. '부산에 도착하면 배는 몰수당하고 승무원은 포로가 된다.'라는 소문도 있었습니다. 당시 우키시마호 승무원은 255명으로, 그 내역은 사관(士官) 14명, 하사관(下士官) 38명, 수병(水兵) 203명이었지만, 부산으로 가라는 명령을 받고 도망간 수병이 몇 명이나 있었다고 합니다. 상황이 이렇게 되자, 부산행 명령을 내렸던 오미나토 경비부에서는 참모가 다가와 군도(軍刀)를 뽑아 "쳐 죽인다!"라고 위협하기도 하고, "군법회의에 부치겠다."라고 압력을 가하는 등 여러 가지 일이 있었던 것 같습니다.

오미나토에서 우키시마호가 출항하느냐 마느냐로 혼란스러웠던 바로 그 무렵, 마침 일본 정부와 미군이 필리핀에서 몇 개의 협정을 맺었습니다(연합군 최고사령관 맥아더가 일본에 들어온 것은 8월 말입니다). 그중 하나가 "8월 24일 오후 6시 이후부터 대형선의 항행을 금지한다."라는 협정이었습니다.

이 협정에 의거하여 해군성 운수 본부는 다음과 같은 전보를 발령했습니다.

"8월 24일 오후 6시까지 목적지 항구에 도착하도록 노력하라. 도착할 전망이 없을 때에는 오후 6시까지 가까운 군항에 입항하라." 이 전보는 8월 22일 오후 7시 20분과 오후 7시 35분 두 차례에 걸쳐 우키시마호 함장에게 도착했습니다. 그리고 이 항행 금지 명령을 받은 우키시마호는 8월 22일 오후 10시에 오미나토를 출항했습니다.

실은 이 시각에 출항할 경우, 마이즈루에서 부산까지의 거리나 우키시마호의 속력을 고려하면 항행 금지가 되는 24일 오후 6시까지 부산에 도착할 수 없다는 것이 분명했습니다. 오미나토에서 한국 부산항까지는 850해리(1,574km)이고, 우키시마호의 속력은 12노트(22km/h)이므로 도착까지는 70시간 이상이 걸립니다. 22일 오후 10시에 출항했으므로 도착 예정은 빨라도 25일 오후 8시입니다. 그런데 그 제한 시간 내에 도착할 가망도 없는 한국 부산항을 향해서 우키시마호는 혼슈(本州) 연안을 따라 남으로 항행하고 있었던 것입니다.

배에는 수천 명의 조선인이 타고 있었습니다. 여성이나 어린아이도 많이 타고 있었습니다. 과밀 상태였기 때문에 선내는 답답해서 숨이 막혔지만 조선인들은 드디어 고향으로 돌아간다는 기쁨에 젖어 있었다고 합니다.

8월 24일 오후, 우키시마호는 후쿠이현 쓰루가(福井県 敦賀) 앞바다에서 침로를 바꾸어 오후 5시가 지나서 이 마이즈루만으로 들어왔습니다. 그리고 동항(東港)을 향해 속도를 낮추고 전진하고 있을 때, 갑자기 폭발한 것입니다.

마침 그 시각, 사바카(佐波賀) 해변에서는 여자들이 '소금 굽기(塩焼き)'를 하고 있었습니다. 그 당시 소금은 배급제로

아주 귀중한 것이었습니다. 그래서 여자들은 해변에서 바닷물을 바짝 졸여서 소금을 만들고 있었던 것입니다.

　저녁 5시 무렵이 되어 이제 슬슬 오늘 일도 끝마칠까 하며 이야기하고 있을 때, 오른쪽 바다에서 커다란 선박이 쑥 들어왔다고 합니다. '와! 큰 배가 들어왔네?'라면서 보고 있으니, 보고 있는 앞에서 갑자기 '꽝!' 하고 폭발했습니다. 배는 처음에 중앙부가 솟아올라 '∧자'와 같이 되었다고 합니다. 그리고 많은 사람들이 배에서 쏟아지듯이 바다로 떨어졌습니다.

　여자들은 갑작스러운 일이라 멍하니 바라보고 있었습니다. 그때 한 할머니가 큰 소리로 외쳤습니다. "당신들 뭐 하고 있는 거야! 우리 아들도 바다에 빠져 죽었어! 빨리 구하러 가야 돼!" 그 한마디에 모두 정신이 들어 작은 배를 끌고 사람들을 구하러 갔습니다. 정신없이 배를 저었다고 합니다. 이 부근의 바다에는 순식간에 중유가 퍼졌습니다. 바다에서 튀어나온 얼굴들은 시커먼 기름 범벅이라 남자인지 여자인지 분간할 수 없었다고 합니다. 차츰차츰 사람이 떠올라서 커다란 소리로 외쳤지만 무슨 말을 하는지 알 수 없었습니다. 헤엄을 치다가 뒤를 가리키면서 뭐라고 하는 것은 가족들이 아직 뒤에 남아 있다는 것을 전하고 싶었던 것이 아닌지, 나중에야 짐작이 갔다고 합니다.

　구조된 사람의 이야기에 따르면, 여자들은 너무 긴장해

서 "왜 이런 일이 일어난 거야!"라며 울면서 구조 활동을 계속했다고 합니다. 배 안에서는 소용돌이치는 물속에서 "아이고, 아이고!"라며 여성들과 아이들이 울부짖고, 그야말로 지옥과 같은 상황이었다고 합니다. 또 선내에서는 가족이라도 남자와 여자가 다른 곳에 들어가 있었기 때문에 가족을 수색했지만 결국 찾을 수 없었다는 증언도 남아 있습니다. 구조되어 육지로 올라온 사람들은 가족을 찾아 돌아다니거나 맥없이 주저앉아 있었습니다. 평소에는 조용한 해변이었지만 그날은 아비규환이었으리라 생각합니다.

당시 마을에 남아 있었던 사람은 여자와 노인과 아이들입니다. 젊은 남자들은 모두 전장에 차출된 상태였습니다. 그러므로 일하는 사람은 주로 여자들이었습니다. 구조된 사람의 몸에 묻은 중유를 우물물로 씻거나 찐 감자를 만들기도 했다고 합니다.

이윽고 해군에서 "구조된 사람은 다이라 해병단(平の海兵団)까지 가도록."이라는 연락이 들어왔습니다. 구조된 사람들은 피곤한 몸을 이끌고 줄곧 해안 길을 따라 걸었습니다. 이제 한밤중이 되어버렸습니다. 우키시마호는 돛대를 물 밖으로 내민 채 가라앉아, 이따금 뽀글뽀글 공기 빠지는 소리가 이 주위 해변까지 들려왔다고 합니다.

이상이 우키시마호가 폭발하여 침몰할 때까지의 이야기입니다.

1954년 인양에서 발견된 승선자 유골

바로 이곳, 마이즈루만 코앞에서 가라앉은 우키시마호는 1950년(쇼와 25년) 3월에 와서야 뒤쪽 절반이 인양되었습니다. 선박이 부족한 무렵이어서 수복 가능하면 다시 사용하려는 것이었지만, 불가능하다고 했습니다. 그래서 앞쪽 절반은 바닷속에 방치되었습니다. 그 뒤 전반부가 인양된 것은 1954년(쇼와 29년) 1월의 일입니다. 스크랩(고철)으로 매각하기 위한 것이었습니다.

이 우키시마호 침몰로 인해 몇 명이 사망했는지에 대해, 유감스럽게도 확실한 것은 알려져 있지 않습니다. 일

침몰 9년 뒤에 인양된 전방 부분

본 정부의 발표에서는 조선인 승객 3,735명 중 사망자 524명, 승무원 255명 중 사망자 25명, 합쳐서 549명이 사망한 것으로 되어 있습니다. 그러나 정부는 가장 중요한 사망자 명부도, 승선자 명부도 공표하지 않았습니다. 손으로 쓴 사망자 명부가 있지만, 의문점이 많아 정확한 사망자 수는 모르고 있습니다. 유골도 도쿄 메구로(目黒)의 유텐지(祐天寺)에 280명 분이 놓인 채 남아 있습니다.

사망자 수 외에도 아직 모르고 있는 것이 많이 남아 있습니다.

왜 전쟁이 끝난 직후에 서둘러 출항했는가?

왜 한국 부산항이 아니라, 마이즈루항으로 입항했는가?

폭발 원인은 무엇인가?

일본 정부는 사고 조사를 실시한 것인가, 하지 않은 것인가? 실시했다면 왜 조사 결과를 공표하지 않는가?

그리고 또 이 우키시마호 침몰은 당시 신문에 보도되지 않았습니다. 그 정도로 큰 사건인데 왜 보도되지 않은 것인가? 그 이유도 밝혀지지 않았습니다. 이와 같이 의문투성이인 우키시마호 사건이기 때문에 마이즈루 시민 중에서도 우키시마호 사건을 모르는 사람들이 많습니다.

우리 '우키시마호 희생자를 추도하는 모임'에서는 이 우키시마호 사건을 후세에까지 전하기 위해 1978년에 희생자 추도 공원을 만들어 추도비를 세웠습니다. 많은 시민들이 건설을 위해 모금에 동참해 주셨습니다. 또 교토부(京都府)와 마이즈루시(舞鶴市)에서도 협력해 주셨습니다.

매년 8월 24일에는 이 장소에서 추도 집회를 열고 있습니다. 기회가 되면 꼭 참가해 주십시오.

2. 우키시마호 사건을 알기 위해

스나가 씨의 안내를 인용해 우키시마호 사건의 개략을 소개했다. 우키시마호 희생자 추도 공원에서 우리들의 안내는 통상 약 40분 정도이다. 이 사건을 보다 상세히 알기 위해 사건의 배경, 관계자의 증언 등을 토대로 사건에 대한 남겨진 문제점 등을 정리해 보고자 한다.

• 마이즈루라는 거리

우키시마호 사건의 현장이며, 우리 '우키시마호 희생자를 추도하는 모임'이 활동의 무대로 삼고 있는 마이즈루 거리에 대하여 먼저 소개한다.

마이즈루시는 교토부 북부의 항만 도시로 인구는 9만 명, 전차를 이용할 경우 JR교토역에서 북쪽으로 1시간 반

정도면 도착할 수 있다. 관광으로 마이즈루를 방문하는 사람이 처음으로 가는 곳은 마이즈루의 한가운데에 솟아 있는 해발 301m의 고로가타케(五老岳)이다. 정상에서 마이즈루만을 일망할 수 있다. 잔잔한 마이즈루의 바다를 산들의 녹음이 살포시 감싸 안은 것 같은 편안한 풍경이다. 마이즈루의 바다, 우키시마호 사건의 현장, 추도 공원, 조선소, 해상 자위대 기지, 해상 보안 학교, 시가지 등을 한눈에 바라볼 수 있으므로 마이즈루에서 가장 인기 있는 곳이다.

마이즈루는 교토부에서도 유명한 어업의 거리다. 와카사만(若狭湾)에서 신선한 고기가 어획되고 있으므로, 뭐니 뭐니 해도 맛있는 것은 생선 요리나 수산 가공품이다. 특히 '마이즈루 가마보코(舞鶴かまぼこ, 어묵)'가 맛있다. 마이즈루 어묵 협동조합(舞鶴蒲鉾協同組合)이 양질의 원재료를 제조업자에게 일괄 제공하고 있으며 '마이즈루 어묵'에는 민어(グチ), 매퉁이(エソ) 등의 생선 살코기를 40% 이상 사용한다는 약속이 지켜지고 있다. 그 때문에 생선의 맛과 풍미가 가득한 쫄깃한 어묵을 즐길 수 있다. 역사를 돌이켜보면 에도 시대는 '다나베번(田辺藩)'이라는 3만 5천 석의 작은 번(藩)이었다. 메이지 시대가 되어 다나베성(田辺城)의 별칭인 '마이즈루(舞鶴)'가 지명이 되었다.

마이즈루만은 지형이 복잡하게 얽혀 있어서 외해(外海)에서는 만의 모습이 보이지 않는다. 파도도 잔잔하다. 소

고로가타케에서 마이즈루만을 바라본다. 상부 중앙이 만의 어귀.

위 '천혜의 항구'였기 때문에 메이지 정부는 러시아전의
기지로서 1901년(쇼와 34년)에 일본 해군 기지를 건설했다.
명칭은 '마이즈루 진수부'라고 한다. 일본 서해 측에서 유
일한 해군의 통솔·군정(軍政)의 중요 거점이었다.

　　진수부에는 기지와 조선소, 병사의 숙소나 체육 기관도
있었으므로 전국에서 많은 군인이나 시민이 모여들었다.
해군 기지의 건설과 함께 시가지도 정비되어 도로도 새로
건설되었다. 군항 도시답게 마이즈루 거리에는 러일 전쟁
당시의 군함 이름인 '미카사(三笠)'나 '야시마(八島)' 등의 이

2. 우키시마호 사건을 알기 위해

름이 붙여졌다. 해군 덕분에 최전성기에는 인구도 16만 명을 헤아렸고, 마이즈루는 번성했다.

그러나 뭐니 뭐니 해도 군사 기지이므로 기밀 유지를 위해 시민 생활에는 여러 가지 제한이 가해졌다. 야외에서 스케치나 사진 촬영을 자유롭게 할 수 없었고, 몇 명이 모여 이야기하는 것만으로도 헌병에게 감시받는 수도 있었다고 한다. 1945년 7월에는 이틀에 걸쳐 미군의 공습이 있었고, 100명 이상의 사람이 죽었다.

• 귀국선이 도착한 항구

1945년 8월 15일, 태평양 전쟁이 일본의 패전으로 끝나자 마이즈루는 '귀국의 거리'로서 전국에 알려지게 된다. 종전 당시, 중국이나 조선 등 해외 여러 지역에 있었던 군인이나 일반 일본인은 약 660만 명이었다. 이 사람들을 귀국시키기 위해 1945년 9월에 마이즈루항을 비롯한 전국의 10개 항구가 귀국항으로 지정되었지만, 1950년부터는 마이즈루가 유일한 귀국항이 되었다.

귀국은 1958년까지 13년간 계속되어 66만 명이 마이즈루에 상륙했다. 귀국선이 도착하면 마이즈루의 부인회나 어린이들이 상륙잔교(上陸棧橋)에 마중 나갔다. "시베리아 억류 생활에서 해방되어 드디어 일본으로 돌아왔다.", "꿈에도 그리던 반가운 가족을 만났다." 등 평화의 고마움을 되새기는 듯한 만남의 행렬이 이 마이즈루에서 펼쳐졌다. 지금도 "마이즈루가 내 인생의 재출발지입니다."라고 이야기하는 귀국 체험자들이 많다. 1950년 6월 4일에는 시정 기본 방침을 '평화 산업 항만 도시'로 전환하는 것을 목표로 한 '구군항시전환법(旧軍港市転換法)' 시행에 따른 주민 투표가 실시되었고, 85%가 찬성했다.

한편 한국 전쟁의 발발을 계기로 1950년 7월, 맥아더의 지령에 의하여 일본의 재무장이 개시되었던 때에는 마이즈루에도 빠르게 경찰 예비대(자위대의 전신)가 설치된다. 현재 마이즈루 해상 자위대의 대원수는 3천7백 명까지 늘어나, 최신예 이지스함 '묘코(みょうこう)'와 2008년에 보소반도(房総半島) 앞바다에서 어선과 충돌 사건을 일으킨 '아타고(あたご)'도 배치되어 있다.

처음으로 마이즈루를 방문한 사람들은 1척당 1천4백억 엔에 달하는 이지스함을 비롯한 해상 자위대의 군함을 국도 가까이에서 볼 수 있다는 사실에 깜짝 놀란다. 해군이 건설한 메이지기(明治期)의 빨간 벽돌 창고들이나 화약창 등의 전쟁 유적도 마이즈루의 여기저기에 남아 있다. 또 귀국자의 운동에 의해 건설된 '마이즈루 귀국기념관(舞鶴引揚記念館)'에는 당시를 그리워하는 귀국 자료와 사진이 다수

전시되어 있다.

이와 같이 마이즈루의 시민에게는 전쟁의 비참함과 평화의 고마움, 그 양쪽 모두를 실감할 기회가 많았다. 그 때문에 평화 운동이 활발한 것도 마이즈루의 특징이다. 예를 들면, 1978년 우키시마호 희생자 추도비 건립 당시에는 시 전체가 협력했다. 1984년에는 미국의 핵전쟁 태세에 일본을 연루시키는 핵 순항 미사일·토마호크 배치에 반대하여 교토부민 마이즈루 집회가 개최되었고, 2만 7천 명이 인간 띠를 이루어 기지를 에워쌌다. 마이즈루 지방 노동조합 협의회와 평화 단체에서는 평화 투어를 목적으로 마이즈루를 찾는 사람을 위해 평화 가이드 활동을 적극적으로 추진하고 있다.

또 이 지방 마이즈루시 직원 노동조합도 평화 운동이 활발하다. 국민을 전쟁에 동원하는 '주변사태법안'이 국회에서 심의되고 있던 1999년 5월에는 자치 노동조합으로서는 처음으로 '전쟁 비협력 선언'을 발표하여, 전국적으로 화제가 되었다.

이와 같이 우키시마호 사건의 현장이 된 마이즈루는 전쟁과 평화의 역사가 교차하는 거리이다.

• 우키시마호가 출항한 오미나토

그러면 우키시마호가 출항한 오미나토(현재의 무쓰시)는 당시 어떤 곳이었을까? 왜 수천 명이나 되는 조선인이 오미나토에 있었던 것일까? 그리고 어떤 생활을 하고 있었을까? 우키시마호의 모항(母港)이었던 오미나토(大湊)는 시모키타 반도(下北半島)의 중앙부에 위치하여 근처에는 무당(イタコ)으로 유명한 오소레잔(恐山)이 있다. 겨울의 추위가 심하고 여름에도 차가운 계절풍이 불어온다.

오미나토 경비부(大湊警備府)는 쓰가루 해협(津軽海峡) 이북의 홋카이도(北海道), 사할린(樺太), 쿠릴열도(千島列島)의 방비를 담당하고 있으며, 해군의 북방 군사 거점이었다. 1941년 12월에 태평양 전쟁이 시작되었지만, 1942년 6월의 미드웨이 해전 패배를 경계로 일본은 미군에게 밀리기만 했다. 1945년에 들어오자 일본의 패색은 결정적이었으며, 대본영(大本營)*은 미군의 일본 상륙을 예상하여 본토 결전 체제를 발령했다.

오미나토 경비부에서도 본토 결전을 대비하여 오미나토 군항을 중심으로 한 시모키타 반도의 군사 요새화를 급피치로 추진하고 있었다. 당시 오미나토 경비부에는 5~6만 명의 군인이 있었지만, 3개월간 무보급으로 싸울 계

---

*   일본의 최고 전쟁 지도부. -역자주

획을 세웠기 때문에 물자를 저장하기 위한 터널, 지하 보관고의 건설 등 수많은 토목 공사가 필요했다. 그러나 전쟁이 격렬해진 탓에 청장년층 대부분이 전장으로 나가 일본의 노동력은 극도로 부족한 상태였다. 그래서 아오모리현(青森県) 내에서 일하고 있던 조선인을 소집했지만, 그래도 모자라 조선 반도에도 모집령을 내린 상태였다. 그것은 '모집'이라고는 하지만, 실제로는 강제 연행이었다. 사람을 모집하는 담당자가 조선에 몇 번이나 모집을 하러 갔다.

이 시기의 아오모리현에는 두 종류의 조선인 노동자가 존재하고 있었다. 강제 연행에 의해 억지로 끌려온 노동자와 일본의 식민 정책의 결과, 조선에서 먹고 살 수 없어서 부득이 일본으로 건너온 노동자이다. 이주해 온 노동자 중에는 가족을 가진 자도 많이 있었다. 우키시마호에 많은 여성이나 아이들이 타고 있었던 것은 그 때문이었다.

멀리 조선에서부터 아오모리현으로 연행되어 온 조선인은 현 내의 토목 공사 현장으로 보내져 '다코(タコ, 문어라는 뜻이지만 사람에게는 멸칭으로 쓰인다)'라 불리며 가혹한 노동을 강요당했다. 그 총수는 아오모리현 내에서는 수천 명, 일본 전국에서 약 백만 명이라고 알려져 있지만 정확한 인원수는 지금도 분명하지 않다.

시모키타의 지역문화연구소(下北の地域文化研究所)가 발행한 『아이고-의 바다—우키시마호 사건 시모키타에서 나온

1939년경의 오마 철도(大間鉄道) 건설 현장
(시모키타의 지역문화연구소 『아이고-의 바다』에서)

증언(アイゴ-の海—浮島丸事件 下北からの証言)』(이하 『아이고-의 바다』)에
서는 당시 조선인 노동자가 처한 상황이 생생하게 전해지
고 있다.

"조선인이 아베시로 광산(安部城鉱山)에 들어간 것
은 태평양 전쟁이 시작된 시점이니 1941년(쇼와 16년)
무렵입니다. 모두 '다코'라 부르고 있었는데 그것은
조선인이었습니다. 어째서 조선인이라고 생각했느
냐 하면 말 때문입니다. 바비부베보(バビブベボ)를 뭐라
설명하기 어려운 특징을 섞어 발음하고 있었고, 얼굴

생김새로도 조선인이라는 걸 알 수 있어요.

당시 아베시로(安部城)에서는 새로운 광맥이 발견돼 연일 보링(시추)을 하고 있었어요. 조선인은 위험한 갱도 파기를 하고 있었습니다. 위험한 일은 대부분 조선인에게 시켰습니다. 조선인을 감독하고 있던 두목의 아들이 제 친구였기 때문에 '조선인 합숙소(朝鮮飯場)'에 출입하며 그들의 생활을 볼 수 있었습니다.

정말 지독했습니다. 주거는 굴건소옥(掘建小屋)*이었는데 채광창조차 없어 낮에도 캄캄했습니다. 크기는 글쎄, 2간반(間半, 약 4.5m) 정도의 길이였어요. 토방에는 풀이나 지푸라기를 깔고, 이불조차 없이 그 위에서 자고 있었습니다. 긴 통나무를 늘어놓고 그것을 침대 대신 사용하고 있어, 이상하다고 생각했지만 그 정도는 아무 일도 아니었습니다. 아침이 되면 감독이 말없이 그 통나무를 냅다 차면서 '일어나!'라고 신호를 보냅니다. 추울 때에는 몸을 새우처럼 웅크리고 있었습니다.

음식물은 보리 정도면 양호한 편이며, 주로 콩이나 감자였고 쌀은 바닥에 아주 조금 들어 있었습니다. 먹을 것이 마땅하지 않으니 영양이 부족했겠죠. 항상 한두 명은 일을 쉬고 있었습니다. 일은 힘들었

---

* 주춧돌을 쓰지 않고 기둥을 직접 땅 속에 묻어 세운 작은 집. -역자주

을 겁니다. 일이 끝나고 돌아올 때에는 항상 휘청거렸으니까요. 꾀병을 부리거나 땡땡이를 치면 하반신을 쓸 수 없을 정도로 체벌이 가해졌다고 합니다. 영양 부족과 고된 노동으로 죽은 조선인이 많았대요."

조선인 노동자들이 일하는 현장은 감시자인 십장(什長)에 의한 폭력이 지배했고, 도망칠 경우에는 사정없는 구타가 기다리고 있었다. 아오모리현뿐만 아니라, 일본 전국에서 같은 상황의 공사 현장이 여기저기 있었다. 그리고 터무니없는 폭력 지배는 노동자들의 심한 분노를 일으켰다.

1945년 6월 30일, 아키타현(秋田県) 하나오카 광산(花岡鉱山)에서 중국인 노동자 800명이 봉기했다. 유명한 '하나오카 사건(花岡事件)'이다. 올 것이 왔다고 군부는 동요했을 것이다. 이 뉴스는 이웃 현인 오미나토 경비부에도 전해졌다. 일본의 패색도 짙어지고 있었으므로, 오미나토 경비부의 참모들도 패전 후의 대응을 생각했음이 틀림없다.

2. 우키시마호 사건을 알기 위해

•해군 오미나토 경비대가 강행한 출항 명령

　1945년 8월 15일, 태평양 전쟁이 끝난 날 우키시마호는 세이칸 연락선(靑函連絡船)의 대체선으로서 아오모리항(靑森港)에서 세이칸항(靑函港)을 향해 항행 중이었고, 8월 18일에는 오미나토로 귀항했다. 그 다음 날인 19일, 우키시마호에 한국 부산항으로의 출항 명령이 내려졌다. 해군성 운수본부의 허가를 받고 출항 명령을 내린 것은 오미나토 경비부의 참모들이다. 우키시마호의 도리우미 긴고(鳥海金吾) 함장을 비롯한 승무원들은 출항 명령을 거부했다. 그러나 오미나토 경비부의 참모들이 막무가내로 출항을 강행했다. 이 무모함이 우키시마호 사건의 특징이다.

　저널리스트 김찬정(金贊汀) 씨가 정리한 『우키시마호 부산항으로 향하지 않다(浮島丸釜山港へ向かわず)』(가모가와출판(かもがわ出版))에는 우키시마호 승무원 전우회 '부도회(浮島会)'의 회장 기모토 료이치(木本与一) 전 주임하사관[上等兵曹]*의 증언을 바탕으로 당시의 상황이 다음과 같이 기록되어 있다.

　　"도리우미(鳥海) 함장에게 출항을 명령한 오미나토 경비부의 참모는 시미즈 젠지(淸水善治) 기관참모와 오쿠마(大熊) 통신참모였다. 출항 불가능을 호소하는 함

*　구 일본 해군 수병과의 최상위 계급.-역자주

장에게 두 명의 참모는 다시 강하게 '천황폐하의 명령'이라며 출항을 강요한다. 함장은 군인들 사이에서도 출항을 반대하는 분위기가 만연하다고 설명했지만, 오히려 그 불복종을 문책당할 처지에 놓여 병·하사관을 설득시키라는 명령을 조달받았다."

이 책에 의하면 그 뒤, 기모토 주임하사관은 하사관 대표로서 도리우미 함장과 동행하여 오미나토 경비부로 가서, 승무원 전원이 반대하고 있는 것을 참모에게 보고한다. 그러나 두 명의 참모는 "위험이 있다고 해서 폐하의 명령을 거부하는 건가, 군법회의에 부치겠다!"라고 으름장을 놓았다. 그리고 두 명의 참모는 도리우미 함장, 기모토 주임하사관을 데리고 우키시마호에 가서, 승무원 전원을 앞에 두고 군도(軍刀)를 뽑아 "불만 있는 놈은 앞으로 나와!"라고 소리쳤다고 한다. 오미나토 경비부의 강경한 자세를 나타내는 자료는 많다.

1993년 8월 25일 자 아사히 신문(朝日新聞)에는 「우키시마호 사건 파란 출항 분명해, 조선행 거절 승무원 폭동에 '사형'이라고 협박하여 진압」이라는 제목으로 출항 전의 상황이 소개되어 있다. 이 기사에 의하면 전 해군 오미나토 경비부 군법회의 사법 경찰관이었던 노즈키 요시노리(野月美則)는 참모의 명령에 의해 8월 22일 오후 7시경 우키시마호에 들어가, '폭동의 주모자인 주임하사관'에게 달려들어 수갑을 채웠다.

> "당시는 전시형사특별법에 의해 군법회의에서 즉결재판을 할 수 있었다. 법무관은 그 자리에서 '상관의 명령을 거역한 죄로 사형에 처한다.'라고 언도했다. 이 위협에 주임하사관은 '(당초의 명령대로) 조선행 우키시마호를 출항시키겠습니다. 부디 제가 그 일을 맡게 해주십시오.'라고 탄원, 법무관은 형의 유예를 분부했다."

이 증언을 한 노즈키 씨에 의하면 "군의 지휘 계통은 무너져 있었지만, 군법회의의 재판권은 남아 있었다. '출항을 위해서는 어떠한 수단이라도 써라.'라고 하는 명령이 내려져 있었던 것 같다."라고 한다.

• 폭침의 현장

1945년 8월 24일 오후 5시 20분, 수천 명의 조선인을 태운 우키시마호는 갑자기 폭발하여 침몰했다. 지금까지 보고된 증언을 바탕으로 그때의 상황을 소개하고자 한다.

전술한 『우키시마호 부산항으로 향하지 않다』에는 승무원인 하세가와 제(長谷川昰, 전 이등병)의 증언이 소개되어 있다.

"군함이 폭발했을 때, 나는 갑판에서 입항 준비를 위한 작업을 하고 있었습니다. 그런데 갑자기 쾅! 하더라고요. 날려가 갑판에 내동댕이쳐졌습니다. 그 뒤는 정신이 없었어요. 군함 안쪽은 구명보트를 내리는 사람, 돌아다니는 사람, 뭔가 외치고 있는 사람으로 대혼란이었고 조선인들은 필사적으로 갑판에 올라오려고 하고 있었습니다. 아이고, 아이고! 소리치고 있는 여성들과 울부짖는 아이들. 이미 혼란의 극치였습니다. 군함에서 내려져 있던 구명보트를 매달고 있는 로프의 한쪽이 끊어져 구명보트가 바닷속으로 굴러 떨어지는 사고도 목격했습니다.

그때 나는 지옥을 보았습니다. 폭발로 갑판에 있던 선창(船倉)의 뚜껑(hatch cover)이 날아가 버렸습니다.

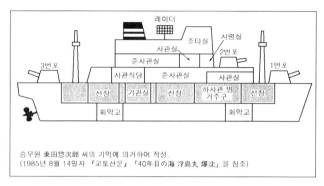

레이더
조타실
사령실
사관실
준사관실
2번 포
3번 포
준사관실
사관식당
사관실
1번 포
선창
기관실
선창
하사관 병
거주구
선창
화약고
화약고

승무원 東田惣次郎 씨의 기억에 의거하여 작성.
(1985년 8월 14일자 『교토신문』 「40年目の海 浮島丸 爆沈」을 참조)

우키시마호 내부

그 근처에 있던 나는 문득 선창의 밑바닥을 들여다
보았습니다. 왠지 물이 소용돌이치고 있었습니다. 그
소용돌이에 조선인 여자와 어린애가 말려들어 필사
적으로 손을 올리고 '아이고!' 하고 외치고 있는 것입
니다. 그리고는 물속으로 빨려 들어갔습니다. 지옥이
었어요."

또 우키시마호의 폭발을 목격하고 구조에 나선 여성은
침몰 현장의 상황을 다음과 같이 말했다.

"아이고, 아이고~ 하는 비통한 소리가 가라앉기
시작한 배에서, 바다에서 소용돌이치고 있었습니다.

정말 엄청난 상태였어요. 눈만 부릅뜬 채 얼굴이 온통 시커먼 사람이 죽기 살기로 줄줄이 배에 기어 올라왔습니다. 도무지 이 세상의 모습이라고는 생각되지 않았지요. 여자와 아이들이 많았습니다. 다쳤는지 내민 손이 닿지 않아 눈앞에서 검은 바다로 사라져 간 사람들도 있었습니다."

-「40년째의 바다—우키시마호 폭침」,
『교토 신문』, 1985년 7월 26일 자

• 남겨진 의문

여기서 우키시마호 사건에 관한 의문점을 남겨진 증언을 바탕으로 정리해 보려고 한다.

① 왜 서둘러 조선인을 귀국시켜야 했나?

1977년 8월 13일, NHK는 다큐멘터리 <폭침(爆沈)>을 방송했다. 이 프로그램은 우키시마호 함장인 도리우미 긴고(鳥海金吾)를 비롯하여 당시 승무원이나 오미나토 경비부 참모의 인터뷰를 통해 출항에서 침몰까지의 상황을 재구성하고 있다. 우키시마호 사건을 해명하는 데 중요한 증언도 많아 사료적 가치가 매우 높다.

이 <폭침>에서 오미나토 경비부의 시미즈 젠지(清水善治) 전 참모는 "전쟁이 끝났으니 조선인 노동자들을 빨리 돌려보내 주고 싶었다."라며 귀국은 인도적인 이유였다고 증언하고 있다. 그러나 같은 <폭침> 중에서 우키시마호의 노자와 다다오(野沢忠雄) 기관장은 도리우미 긴고 함장이 주요 승무원을 소집하여 개최한 회의 내용에 대하여 증언하고 있다.

"아오모리(青森)에서 조선인이 폭동을 일으킨다고, 여러 가지 처우 문제나 지금까지 자신들을 얼마나 혹사시켰는가, 그런 불만으로 폭동을 일으킬 거니까, 전쟁도 끝났으니 (오미나토에서) 빨리 조선으로 보내라, 라고……."

또 오미나토 경비부의 나가타 시게루(永田茂) 전 수석참모가 전쟁 이후에 조선인의 송환을 서두른 이유를 말했다는 증언이, 전술한 『아이고—의 바다』에 소개되어 있다. 그 증언에 의하면 전후 9년이 지난 1954년에 수석참모는 직장 동료에게 "그때 조선인을 강제 송환하지 않으면 시모키타에서 폭동이 일어날지도 모르는 상황이었다."라고 말했다고 한다.

결국 아오모리현 내의 공사 현장에서 노예처럼 혹사당

했던 조선인 노동자가 종전을 계기로 '하나오카 사건'과 같은 폭동을 일으킬 것이라는 공포감을 오미나토 경비부 참모들은 느끼고 있었다는 것이다.

② 우키시마호의 목적지는 어디였나?

오미나토 경비부는 우키시마호의 목적지를 '한국 부산항'으로 설정하고 있다. 그러나 전 일본통운(日本通運) 노무계의 다카하시 요시이치로(高橋嘉一郎) 씨는 <폭침>에서 다음과 같이 증언하고 있다. 다카하시 씨는 우키시마호 출항 전에 일본통운에서 조선인 노동자의 승무원[添乘員]으로 승선할 것을 명령받았다. 그때 행선지를 묻자 "마이즈루까지."라는 답이 돌아왔다고 한다.

"어디로 가느냐고 묻자 '마이즈루다.'라는 답이 돌아왔습니다. 분명히 거기에 가면 (인수자가) 마중 나와 있을 거니까, 거기서 임무가 끝난다는 것이었지요. 그랬더니 출항하기 전에 (경찰관을 하고 있는) 우리 형이 와서, '아무래도 좀 신경 쓰이네…… 꼭 가야 하니?'라고 내게 물었어요. 그러나 명령이니까, 마이즈루에 가면 분명히 인수자가 있다고, 그것뿐이었습니다."

NHK 취재에 대해 다카하시 씨는 "행선지는 부산이 아니라 마이즈루다."라고 반복해서 증언했다. 또 앞의 노자와 다다오 함장도 다음과 같이 증언하고 있다.

> "'어쨌든 조선에는 안 간다.'라고 함장도 확실히 말했으므로, 모든 장병들에게 그렇게 설명하고 납득하여 나가자고 해서, 오미나토를 출발했습니다. 조선인들 중에는 (그런 진상을) 알고 있는 사람이 한 명도 없었을 겁니다. '너희들은 해치(hatch)와 같은 곳의 중앙에 들어가 있어.'라고 해서 장병들은 병사실에 들어가 있었습니다. 갑판에서 조선인과 이야기할 기회가 있었다고 해도 '너희들, 실은 조선으로 보내지는 게 아니야.'라고 말할 병사는 없었겠죠."

③ 승선자는 몇 명이었나?

원래 우키시마호는 정원 841명의 화물선이었지만, 1941년에 해군에 징용된 이후 배의 화물 창고에 승객을 태움으로써 본래의 정원보다 많은 사람을 태우고 있었다. 일본 정부는 우키시마호 사건 당시의 승선자를 3,735명이라고 하지만, 승선자 명단을 공표하지 않았기 때문에 정확한 승선자는 알 수 없다.

GHQ(연합국 최고 사령관 총사령부) 문서 중에 우키시마호 사건에 관한 신청서가 존재한다. 신청서를 GHQ에 제출한 것은 재일본 조선인 연맹 아오모리현 본부 위원장인 손일(孫一) 씨이다. 1945년 12월 7일에 제출된 그 신청서에는 생존자 증언에 의해 "승객 7,500명에서 8,000명 중 2,000명 정도밖에 생존하지 않았다."라고 기록되어 있다.

또 우키시마호는 1945년에 세이칸 연락선의 대체 선박으로 이용되고 있었는데, 그때의 경험으로 전 상등병 사이토 쓰네쓰구(齋藤恒次) 씨는 전술한 『우키시마호 부산항으로 향하지 않다』에서 다음과 같은 증언을 하고 있다.

"우키시마호에 탄 조선인은 거의 6,000명 정도 되지 않았나요? 우키시마호가 세이칸 연락선 대신 운항했을 때 선저(船底)에 승객을 태우지 않고서도 4,000명이 탑승했는데, 오미나토에서 탄 조선인은 선저까지 꽉 채웠으니까요. 세이칸 연락선으로 대체 운항할 때보다 (승객이) 훨씬 많았으니 4,000명은 말이 안 되죠."

또 같은 문서에서 전 이등병 하세가와 제(長谷川是) 씨도 "저는 6,000명인가 8,000명으로 들었습니다만."이라고 증언하고 있다.

④ 사망자는 몇 명이었나?

일본 정부는 조선인 승객 3,735명 중 사망자 524명, 일본인 승무원 255명 중 사망자 25명, 총 사망자 549명이라고 한다. 그 근거는 오미나토 해군시설부장 이름으로 작성된 1945년 9월 1일 자 '사망 인정서'이다. 이 인정서에서는 조선인 사망자 410명, 그 외에 시설부 이외의 조선인 사망자 114명, 합계 524명이라는 사망자 수를 보고하고 있다. 그 이후 오늘날까지 이 사망자 수가 공식 사망자 수로 확정되어 있다.

그러나 이 524명이라는 숫자가 보고된 것은 침몰로부터 8일 후의 문서이다. 그렇게 빨리 사망자 수를 확정할 수 있을까. 이 사망 인정서가 작성된 때는 마이즈루만에 가라앉아 있던 희생자의 시체가 떠올라 해변에 연이어 한창 밀려들고 있던 때이다. 그래서 정확한 사망자 수를 확정할 수 있는 시점이었다고는 생각되지 않는다. 예를 들면, 나는 추도 공원에 방문한 사람으로부터 다음과 같은 이야기를 들은 적 있다.

"마이즈루 해병단에 있던 친척으로부터 우키시마호 사건 시체 수용의 추억담을 들은 적이 있는데, 우키시마호가 가라앉은 지 며칠 지나자 바다에 가라앉아 있던 시체가 떠올라 연달아 바닷가로 밀려왔대요. 해병단에서는 그것을 모아 날마다 시체를 태웠답니다. 뼈는 바다에 버리라고 해

서 바다에 버렸더니, 나중에야 상관이 '나중에 문제가 될
수 있으니까 매장해라.'라고 했대요. 할 수 없이 바다에서
다시 주워 와 사바카(佐波賀) 뒷산이나 지금의 해상 자위대
교육대 있는 곳에 묻었다고 해요. 하지만 '일단 바다에 버
린 유골을 다시 주울 수 있는 건 아니잖아?'라고 그 친척
은 이야기했습니다."

　침몰한 뒤, 인근 해안에는 가스로 빵빵하게 부풀어 오
른 시체가 며칠 동안 표류했다고 한다. 선내에 갇힌 희생
자도 많다. 사고 발생으로부터 1주일 내에 사망자 수를 확
정하는 것이 가능한지는 지극히 의문이다. 그리고 또 사
고 당시의 혼란한 상황 속에서 어떤 방법으로 사망자 수를
'확정'한 것일까?

　전후 일본의 해난 사고 중에서 가장 희생자 수가 많았
던 것은 1954년에 일어난 세이칸 연락선 도야호(洞爺丸) 전
복 사고로 1,155명이 사망했다. 또 세계적으로 알려져 있
는 1912년의 타이타닉호 조난의 희생자 수는 약 1,500명
이다. 우키시마호의 폭발 침몰은 이들 사고보다도 훨씬 희
생자 수가 많았을 가능성이 있다.

　게다가 한국과 일본 사이에서는 사망자 수의 인식이 너
무나 다르다. 2002년 4월 24일부터 나는 한국 광주시를
방문하여 한국에서의 진상 규명에 몰두하고 있는 사람들

과 이야기할 기회를 가졌다. 그중에서 한국인이 발언했다.

"일본이 발표한 사망자 수는 약 500명, 그러나 한국에서는 우키시마호 사건의 희생자가 3,000명에서 5,000명이라고 믿고 있습니다. 그 대부분이 아직 마이즈루의 바다에 잠든 채로 있다, 나는 그렇게 보고 있습니다. 진상 규명을 확실히 하여 이 차이를 매워가는 것은 이제부터의 한일 관계를 쌓아 가기 위해서는 중요한 것이라고 생각합니다만……."

이 발언을 들었을 때, 나도 같은 생각이었다. 기본적인 사실 인식이 어긋난 상태로는 역사 인식의 공유가 불가능하다. 일본과 한국의 신뢰 관계를 쌓아 가기 위해서는 희생자의 수를 명확히 하는 것이 필요하다.

⑤ 폭발의 원인은 무엇이었나?

우키시마호가 폭침된 다음 날인 8월 25일에 우키시마호 함장 도리우미 긴고는 해군성 운수 본부와 오미나토 경비부에 조난 전보를 타전했다.

"본함 24일 마이즈루 입항 시 도시마(户島)와 자지마(蛇島) 사이 수로에서 제4번 선창 부근에 기뢰를 맞아 선창 중앙부에서 절단되어 침몰했다(本艦二十四日舞鶴入港ノ際户島及蛇島間水路ニテ第四番船倉附近ニ触雷船倉中央

部ヨリ切断沈没セリ)."

일본 정부는 이 전문을 근거로 폭발의 원인이 '촉뢰(触雷)'라고 주장하고 있다.

1950년 2월 28일, 후생성의 가이교쿠(外局)였던 귀국원호청(引揚援護庁)은 GHQ에 제출한 '우키시마호의 조난 및 금후의 처리에 관한 보고' 중에서 다음과 같이 기술하고 있다. "(우키시마호 촉뢰는) 구 해군의 절대적인 호의에 의거하여 편승 피허가자의 (중략) 전적으로 불가항력에 기인한 재난"이며, "구 해군의 책임을 추궁하는 것과 같은 (조선 측의) 배상 요구 등은 용인할 수 없다."라고 되어 있다. 결국, "우키시마호 폭침의 원인은 불가항력에 의한 촉뢰이므로 일본 정부에게는 일체의 책임이 없다."라는 방침이 사건으로부터 5년 뒤에는 이미 결정되어 있었다.

한편 사건의 생존자 및 유족은 폭발이 촉뢰가 아닌 일본인 승무원에 의한 자폭일 것으로 보고 있다. 예를 들면, 주로 간사이(関西)에서 읽히고 있는 『코리아뉴스(コリアニュース)』(2001년 8월 31일 자)에는 「폭침은 계획적 만행이다」라는 표제로, "우키시마호 사건은 일제에 의해 자행된 계획적인 범행이다."라는 생존자의 증언이 소개되어 있다.

---

*   특수한 사무나 독립성이 강한 사무를 추진하기 위한 조직으로, 일본 정부 내각부 또는 성(省)에 설치된다. -역자주

우키시마호의 폭침 원인이 자폭인가 촉뢰인가 논란이 되는 이유 중 하나로, 우키시마호가 출항하기 전부터 이미 오미나토에 '배의 자폭'에 대한 소문이 퍼져 있었다는 배경을 짚을 수 있다. NHK의 <폭침>에서는 오미나토의 주민이 당시의 상황을 말하고 있다.

"우키시마호는 니가타(新潟)까지 가면 폭침된다는 소문을 들은 적이 있습니다. 그래서 우리 딸들이 조선 친구들에게 폭발에 대한 소문이 있으므로 가지 말라고 말린 것 같지만, 그들은 어쨌든 귀국할 수 있게 되었다며 기쁘게 '만세! 만세!'라고 외치고 있는 상태였으므로 가지 말라는 경고의 말이 전혀 들리지 않는 것 같았습니다."

그럼 왜 우키시마호를 폭발시키지 않으면 안 되었을까? 전술한 『우키시마호 부산항으로 향하지 않다』에서는 해군 하사관이 말했다는 증언이 소개되어 있다.

"우리는 부산에 도착하면 총살된다. 우키시마호는 빼앗겨버릴 거야. 그래서 부산에 도착하기 전에 자폭시키는 거지."

또 전술한 『아이고—의 바다』에도 "폭발 장치를 달았다는 것을 아버지께 들었다."라는 증언이 소개되어 있다.

"우키시마호라고는 말하지 않았지만, 조선인을 태울 배의 이름을 공작부(工作部)의 기관구(機関区)에서 칠해서 지우고, 자폭하는 장치를 설치했다는 것이었습니다."

이처럼 '촉뢰인가 자폭인가'는 우키시마호 사건 최대의 수수께끼로 남아 있다. 그리고 오늘날까지 결정적 증거는 밝혀지지 않았다.

이것을 해결하는 것이 우리의 과제라면, 우리는 어떠한 방법으로 폭발 원인을 밝힐 수 있을 것인가? 종전 시 일본 정부나 군부는 전쟁 책임을 면하기 위해 관련 자료를 철저히 소각했다. 그런 상황 속에서 발생한 우키시마호 사건이다. 게다가 도리우미 함장이나 오미나토 경비부의 나가타(永田) 참모 등 사건의 중요한 열쇠를 쥐고 있는 관계자는 이미 없다. 이런 상황에서 폭발 원인이라는 것은 밝혀질 수 있을 것인가? 이 책을 읽는 분들로부터 가르침을 받고 싶다.

그렇지만 촉뢰와 자폭 중 어느 쪽이 원인이라고 해도 일본 정부의 책임은 면할 수 없다고 생각한다. 애당초 우키시마호는 일본 해군의 배였고, 수천 명의 조선인은 오미나토 경비부의 명령으로 우키시마호에 승선한 것이다. 가령 촉뢰가 원인이었다고 해도 기뢰(機雷)의 위치를 기입한 해도(海圖)를 소각한 것은 누구였는가? 일본 정부의 책임은 분명하다.

여기서는 우키시마호 사건에 대하여 5가지의 의문을 나열했지만, 이 외에도 의문점은 많다. 왜 사건 발생 당시에 전혀 보도되지 않았는가? 일본 정부는 조사를 실시했는가, 하지 않았는가? 오미나토를 출항할 때 연료가 보급되지 않았다는 것은 사실인가? 의문점은 아주 많으나 현재까지 해명되지 않은 채 방치되고 있다.

제2부

우키시마호 사건
추도 활동의 경과

우키시마호 희생 59주년 추도 집회 (2004년 8월 24일)

1. 몰랐던 우키시마호 사건

2002년 11월 21일, 차가운 바람이 불고 있는 목요일 저녁이었다. 스나가 씨와 노다 씨의 추도 활동의 경과를 기록해 두어야겠다고 생각한 나는 마이즈루시 교원 조합 2층의 일본식 방(和室)에서 스나가 씨와 노다 씨를 기다리고 있었다. 일본식 방의 한가운데에 놓인 작은 책상 위에는 이번 청취를 위해 큰마음 먹고 산 5만 엔짜리 녹음기와 6만 엔짜리 일안 리플렉스 카메라, 90분 테이프 교본, 거기에 차와 커피. 다시 한번 두 사람의 이야기를 제대로 들어보고 싶다고 생각하여 준비했다.

약속한 시간에 스나가 씨와 노다 씨가 나타났다. 스나가 씨는 심한 감기에 걸려 있어서 큰 몸이 힘들어 보였다. 약속을 취소하지 않고 나와 주셨다고 생각하니 마음이 아팠다. 노다 씨는 여느 때와 같은 우렁찬 쉰 목소리였다.

"시나다(品田) 군이 늙은이의 옛날이야기를 들어준다고 해서, 스나가 씨와 같이 왔어……"라고 큰 소리로 웃었다.

언제나 만나고 있는 두 사람이었지만, 그날 나는 이상하게 긴장하고 있었다. 기록 만들기의 첫걸음이 간신히 시작되었다.

• 중학교 교사 노다 미키오 씨

노다 미키오 씨는 '우키시마호 희생자를 추도하는 모임' 회장을 오랜 기간에 걸쳐 지냈다. 그가 우키시마호 사건과 만나게 된 계기는 1962년 4월에 마이즈루 시립 시라이토(白糸) 중학교에 부임하면서 시작된다. 당시 노다 씨는 35세, 몸집은 작지만 목소리는 크고 건강한 선생님이었다. 시라이토 중학교에 부임했을 때에는 교토부 교직원 조합 서기차장으로서 2년간의 도제 생활을 마친 직후였다. 담당 교과는 영어, 클럽 활동은 테니스부 고문, 그리고 생활 지도도 담당했다. 이 생활 지도가 우키시마호 사건으로 이어지는데, 우선은 당시의 시대 배경을 설명해 두고 싶다.

1954년 1월부터 시작된 우키시마호 선체 인양이 끝나고, 4월에 교토의 저명인사 요청에 의한 '우키시마호 희생자 추도 위령제'가 열린 뒤로 우키시마호 사건이 화제가된 적은 거의 없었다. 당시의 신문을 조사해 봐도 우키시마호에 관한 기사는 전무한 것이나 다름없었다. 그런 상황이었으므로 세월의 흐름에 따라 이곳 마이즈루의 시민에게조차 우키시마호 사건은 아득한 옛날 일로 어느덧 잊힌 듯했다.

또 당시는 전쟁의 기억이 점차 먼 과거가 되어가고 있는 실정이었다. 1950년에 발발한 한국 전쟁은 미군의 물자 보급 기지가 되어 있던 일본에 특수 경기를 가져왔다. 일본의 경제는 순식간에 전전(戰前)의 수준까지 회복되었다. 1955년에는 '진무(神武) 경기'가 시작되고, 이듬해 1956년의 『경제백서(経済白書)』는 "이미 전쟁 '직후'는 지났다."라며 전쟁으로부터의 부흥을 드높게 부르짖었던 것이다.

1960년(쇼와 35년), 전 일본을 뒤흔드는 안보 투쟁이 일어난다. 신안보조약(新安保条約) 성립과 맞바꾸어 퇴진한 기시 노부스케(岸信介) 내각을 대신하여 탄생한 이케다 하야토(池田勇人) 내각은 경제 성장을 바탕으로 '소득 배증 계획'을 내세운다. 국민의 관심이 정치에서 경제로 옮겨간 듯한 시대였다.

노다 씨가 시라이토 중학교에 부임한 1962년은 마침 고도 경제 성장 시대가 본격적으로 시작된 무렵으로, 우키시마호 사건으로부터 20년 가까운 세월이 지나고 있었다.

• 아이들 싸움의 원인과 배경

노다 씨가 부임했을 무렵의 시라이토 중학교에서는 교내 폭력 사건이 많았고, 싸움도 자주 일어났다. 조선인 차별이 원인인 싸움도 잦았다. "생활 지도 담당이 되었는데, 당시는 재일 조선인 아이들과 일본인 아이들 사이에서 분쟁이 잦아 큰일이었어. 다른 학교에서 난입하여 행패를 부리기도 하고, 그것은 심한 싸움이었지. 이러한 싸움은 시라이토 중학교뿐만 아니라 다른 중학교에서도 빈발했던 것 같아. 민족 차별로 인해 아이들이 거칠어지는 시기였을까."

노다 씨는 싸움이 일어나면 방과 후 교실에서 아이들과 대화하고, 이유 여하를 막론하고 양쪽 모두를 처벌하며 지도했다. 그러나 '싸움의 배경에 조선인에 대한 차별이 있지 않을까?' 하고 노다 씨는 생각했다. 어느 날, 노다 씨는 재일 조선인 아이들에게 은밀하게 물어보았다.

"선생님은 말이야, 모두 사이좋게 지냈으면 좋겠어. 싸우는 건 말이지, 뭔가 원인이 있는 거잖아. 참을 수 없거나 화나는 일이 있니? 있으면 선생님에게 말해줄래?"

노다 씨는 아이들과 이야기할 때 언제나 햇볕에 그을린 얼굴을 찌푸리면서 웃는 얼굴로 말을 건다. 아이들을 무척이나 좋아하는 선생님이었다. 노다 씨 입장에서 보면 학교 아이들은 모두 귀여운 아이다. 사이좋게 지내길 바랐다. 그래서 아이들이 서로 으르렁거리는 것은 너무나 슬픈 일이었던 것이다.

평소 목소리가 큰 노다 선생님과는 모습이 달랐을 것이다. 아이들은 제각기 호소했다. "모두(일본인 아이들)가 바보 취급을 해요. '잔치(김치), 잔치, 냄새!'라든가 '조센(朝鮮), 조센!'이라고 하며 바보 취급을 해요.", "일본 아이들이 조선인 아이들과 놀지 않겠다고 한다는 것을 어른들에게 들었어요."

노다 선생은 아이들의 이야기를 듣고 있자니 슬퍼졌다. 이런 말을 들으면 싸움이 되는 것은 당연하다. 어떻게 하면 좋을지 생각에 잠겼다. 간단히 해결할 문제가 아니다. 아이들을 위해 어떻게 해야겠다고 생각했지만, 당장 묘안이 떠오를 리 없었다.

그로부터 일주일이 지났다. 아이들의 하소연을 들었을 때부터 노다 씨의 가슴에는 무거운 짐이 깔려 있었다. 싸움의 배경에는 조선인 차별이 있다. 혼자서는 아무리 고민해도 좋은 생각이 떠오를 것 같지가 않았다. 생각다 못한 노다 씨는 같은 생활 지도 담당인 난부 야스시(南部安) 선생과 동료 선생님들에게 상담해 보았다. 그리하여 대여섯 명의 선생님들의 대화가 시작되었다. 수업이나 저녁 클럽 활동이 끝나고 나서 모이다 보니, 직원실이나 숙직실에서 밤늦게까지 이야기에 열중하는 일도 잦았다.

"냄새라든가 조선인이라든가, 그런 말을 하면 안 된다, 차별하면 안 된다는 식의 말로 타이르기는 쉬울 것 같았어. 중학생이고 선생님의 훈육도 통하니까. 그러나 그런 것으로 문제가 진짜 해결되느냐 하면 그렇지는 않아.

그러면 어떻게 하면 좋을까? 모두 '이렇게 해도 안 되고, 저렇게 해도 안 된다.'라며 몇 번이고 의논했어. 다들 열심이랄까, 젊었다고 할까. 때로는 숙직실에서 한잔하면서 자주 얘기했었지. 가만히 생각해 보니 일본인 학생들도 응애! 하고 이 세상에 태어난 순간부터 조선인에 대한 차별 의식을 가진 게 아니야. 중학생이 될 때까지의 성장 과정에서 차별 의식을 키워 온 거야. 그러면 그런 차별 의식을 키운 것이 누구냐 하면 역시 어른들이야. 부모와 지역 사회의 사람들……. 그러니까 거기서부터 바꾸어가지 않는 한, 차별의 문제는 해결되지 않을 거라는 데까지는 보였어. 하지만, 거기서부터 어떻게 하면 좋을지 좀처럼 지혜가 나오지 않아. 학교 안에서만 해결하려고 해도 안 돼. 학교 밖으로, 지역 속으로 나가서 민족 차별의 문제를 풀어가지 않으면 안 된다고 해도, 말이야 쉽지 도대체 무엇부터 시작하면 좋을지 모르겠더라고."

• 노다 씨와 스나가 씨의 만남

조선인에 대한 차별을 없애기 위해 지역 속에서부터 민족 차별을 줄여 나간다. 이것이 선생님들의 결론이었다. 그러나 학교의 교사가 지역에 개입한다는 것은 구체적으로 어떤 것인가? 일개 현장 교사가 지역의 여러 사람들에게 민족 차별의 문제를 어필해 가려면 어떻게 하면 좋을까? 노다 선생 등은 다시 벽에 부딪혔다. 하지만 벽에 부딪힌 덕분에 노다 씨는 스나가 씨를 만나게 된 것이다.

"교사가 학교 밖으로 나가려면 어떻게 하면 좋을까, 나가서 무엇을 하면 좋을까? 강연회인가, 영화회인가, 여러 가지 생각하고 있을 때, 스나가 씨가 생각났던 거야. 스나가 야스로(須永安郎) 씨는 우리 반 아이 한 명의 아버지였는데, 그 당시 교육위원회 사회교육과에서 동화(同和) 교육을 담당하고 있었어. 그래, 맞아. 스나가 씨라면 뭔가 좋은 방법을 가르쳐주지 않을까? 그렇게 생각하고 난부 선생과 함께 교육위원회로 갔었지. 그리고 스나가 씨에게 지금까지의 경과를 자세히 설명하고, 어떤 방법으로 지역에 나가면 좋을 지를 상담했어."

노다 씨가 스나가 씨를 방문한 것은 1963년(쇼와 38년)의 일이었다. 스나가 씨는 "어려운 이야기군. 하지만 중요한 이야기네요."라고 했지만, 당장은 뾰족한 대책이 나오지 않았다. 그러나 스나가 씨가 "중요한 이야기니까 같이 힘을 내봅시다."라고 말하는 순간, 노다 씨는 크게 위안을 얻었다.

• 조선의 문화를 배우자

선생님들의 민족 차별을 없애는 방법은 일본과 조선의 교류 역사를 배우면서 서서히 구체화해 나갔다.

"이것저것 자주 의논했어. 다 같이 역사를 공부하니 '옛날에는 사이가 좋았던 게 아닌가'라는 이야기도 나왔지. 조선 반도로부터의 도래인에게 불교를 배우기도 하고, 도다이지(東大寺) 대불을 만드는 일을 도와주기도 하고, 옛날에 일본과 조선은 우호적이었어. 그러나 메이지 시대가 되고 나서(조선 시대에는 조선 통신사의 왕래가 있었다) 그런 양호한 관계가 뒤집히기 시작했어. 특히 러일 전쟁부터 심해졌지. 일본과 조선의 상호 이해라고 해도 일본이 상대를 더 이해 못한다는 이야기로 되어 있었어. 그래서 조선과 우호적인 대책을 추진하기 위해서 일본과 조선의 우호협회 같은 단체를 만들어 대처를 진행시켜 나가기로 하였어." 이야기가 여기까지 구체화되자 이후의 행동은 빨라졌다. 노다 씨 일동은 '일조협회 마이즈루 지부(日朝協会舞鶴支部)'라는 이름으로 설립 취지서를 만들어 마이즈루시 동화 교육 연구회(舞鶴市同和教育研究会, 이하 '마동연(舞同研)'), 마이즈루시 교직원 조합, 그리고 시청이나 여러 시민들에게 협력을 부탁하기 위해 돌아다녔다.

"고맙게도 설립 준비에는 '마동연'이 조직을 총동원하여 전폭적으로 협력해 주었어. 회원 모집의 부탁이나 회비 모금까지 도와주어 정말 고마웠지."

그런데 '일조협회 마이즈루 지부'는 전국 조직인 '일본조선우호협회(日本朝鮮友好協会)'와는 어떠한 관계일까. 일조협회의 지부로서 출발한 것일까? 그 부분의 경위를 노다 씨에게 물어 보았다.

"이름만 들으면 일조협회의 지부 같지만 달라. 지금까지 말한 것처럼 먼저 민족 차별이라는 교육 문제가 있었고, 다음으로 일본조선우호협회와 같은 조직을 만들려고 했지. 그때 전국적인 단체로서 이미 일조협회가 있었으므로, 우리가 조직을 만들 때 일조협회의 규약 등을 참고했어. 그래서 명칭이 '일조협회 마이즈루 지부'가 된 거야. 좀 복잡하지만, 일조협회의 움직임을 보고 마이즈루 지부로서 '일조협회 마이즈루 지부'를 만들려고 한 것은 아니야. 마이즈루의 경우는 교육 문제가 모든 것의 출발점이었어."

• 일조협회 마이즈루 지부의 결성

노다 씨 일동의 일조협회 마이즈루 지부의 활동 목표는 다음 3가지였다.

① 교육 문제를 해결하는 것

② 대안 무역(對岸貿易)의 촉진

③ 조선인과 일본인의 교류

다행히 일조협회 마이즈루 지부 설립에 대한 시민들의 반응이 좋아, 50명이 넘는 가입자가 모였다. 노동조합 임원을 비롯하여 시의회 의원, 무역 관계자, 스님, 회사 사장 등 여러 가지 직업을 가진 사람들이 참가했다는 점에서 기대치가 높았다. 임원에는 고문으로 사타니 야스시(佐谷靖) 마이즈루 시장이 취임, 회장은 기시 유소(岸融証) 마이즈루 시 부시장(助役), 그리고 노다 씨는 사무국장이 되었다. 마침내 발족 준비가 갖추어진 셈이다. 1964년경이었다. 당시의 일본은 10월에 열리는 도쿄 올림픽 뉴스로 들떠 있었다.

1964년(쇼와 39년) 3월 5일, 마이즈루 서노동 세틀먼트(舞鶴西労動セツルメント)의 회의실에서 일조협회 마이즈루 지부의 설립 총회가 개최되었다. 40명이 넘는 참가자로 방안에는 열기가 넘치고 있었다. 노다 씨는 '겨우 여기까지 왔구나.'라는 생각과 함께, 앞으로의 활동을 생각해 기합이

들어가 있었다.

설립 총회는 사타니 마이즈루 시장의 인사로 시작되어, 사무국장인 노다 씨로부터 설립에 이르기까지의 경과보고와 함께 앞으로의 활동 목표가 제안되었다. 제안은 무사히 승인되어, 금후의 활동에 대한 생각이나 의견을 참가자 각자가 서로 이야기를 나누는 교류회로 옮겨 갔다.

• 우키시마호 사건과의 만남

그 교류회 중에서 마이즈루시 교직원 조합의 다니가키 가즈오(谷垣和夫) 서기장이 우키시마호 사건을 소개했다. 이것이 노다 씨와 우키시마호 사건과의 최초의 조우였다. 그것은 노다 씨에게 충격을 주었다.

"전쟁 당시 조선에서 강제 연행되어 아오모리현 등에서 고통스러운 노동을 강요당한 조선인 노동자들이 일본의 패전을 계기로 본국으로 송환되는 도중, 타고 있던 우키시마호가 마이즈루만에서 침몰되어 수백 명의 사망자가 나왔다고 해. 그 속에는 여자와 어린이들도 있어, 희생이 많았다는 이야기를 교직원 조합의 다니가키 씨가 이야기해 주었어.

오랫동안 마이즈루에 살고 있었던 나로서는 부끄러운

우키시마호 희생 20주년 추도 집회 (1965년 8월 24일, 마이즈루 동공회당에서)

일이지만, 그때 처음으로 우키시마호 사건을 알게 됐어. 충격이었지. 이야기해 준 다니가키 씨는 그렇게 나불나불 지껄이는 사람은 아니었어. 어눌하게 말하는 사람에 가까웠지. 그런 다니가키 씨의 이야기를 듣고 있으니 '마이즈루에서 그런 일이 있었나요?', '이 마이즈루만에서 여자와 아이들까지 죽었다고요?'라며 놀라움이랄까, 슬픔이랄까 뭐라고 말할 수 없는 기분이 들었어." 아이들을 아주 좋아하는 노다 씨이다. 그는 눈앞에 펼쳐진 마이즈루만에서 많은 아이들이 죽었다는 이야기에 너무나 충격을 받았다.

"선생이 되어 처음으로 근무한 학교가 오우라(大浦) 반도의 다이라 초등학교(平小学校)였어. 그래서 시모사바카(下佐波賀)의 해변도 자주 걸었지. 전쟁이 끝나고 잠깐이지만, 마이즈루만에 회색의 배가 몇 척인가 가라앉아 있는 것도 자주 보았어. 하지만 어느 것이 우키시마호인지는 몰랐지. 하물며 그런 슬픈 일이 있었다는 것은 전혀 몰랐어.

그때 설립총회 중에서 죽은 사람들의 유골은 어디에 있을까 하는 이야기가 나왔어. 거기서 나온 이야기가, 바닷가의 히가시혼간지(東本願寺)파의 사찰인 현재의 시토쿠지(至德寺)에 한때 그 유골들이 안치되어 있었으므로, 매년 8월 24일에 법회가 열리고 있다는 것이었어. 그렇다면 일조협회 마이즈루 지부에서도 꼭 다 같이 참여하자는 이야기가 나와, 설립 총회일에 (그렇게 하기로) 정해진 거야."

• 20주기를 맞은 위령제

1964년 8월 24일, 우키시마호가 폭침된 날. 죽은 사람들의 기일이 다가왔다. 우키시마호 사건으로부터 19년 뒤의 일이다. 노다 씨를 비롯한 일조협회 회원들은 10명 정도가 절의 법회에 참가했다. 그 당시는 우키시마호 사건의 생존자도 법회에 참가하고 있어서, 절에는 노다 씨 일동을 포함하여 총 50~60명이 모여 있었다.

법회는 스님의 독경과 참가자의 분향으로 종료되었다. 법회가 끝난 뒤에는 참가자의 잡담이 이어졌다. 노다 씨 일동은 생존자의 사건 당시의 애처로운 이야기를 듣고 있자니, 뭔가를 하지 않으면 안 될 것 같은 기분을 느꼈다. 그래서 노다 씨는 법회에 참석한 사람들에게 제안을 했다.

"우키시마호 사건은 확실히 유감스러운 일입니다. 동시에 사건이 일어난 배경을 살펴보면 일본과 조선 사이에 매우 중요한 문제가 있는 것 같습니다. 그러나 저도 포함하여 우키시마호 사건을 모르는 사람들이 아직 많습니다. 그러므로 이 우키시마호 사건에 대해 마이즈루 시민분들께 널리 알리는 것이 중요하지 않을까요? 내년, 1965년이면 사건이 일어난 지 20년이 되니까, 성대한 법회를 열면 어떨까요?"

노다 씨의 제안에 의해 이듬해 1965년에는 마이즈루

동공회당(東公会堂)에서 '우키시마호 희생자 위령제'가 개최되었고, 마이즈루 시민 400명이 참가하여 성대하게 거행되었다. 위령제의 주최자는 '우키시마호 희생자 추도 실행 위원회'로, 실행 위원회는 일조협회 마이즈루 지부를 비롯한 마이즈루 상공회의소, 평화위원회 마이즈루 지부, 마이즈루시 연합부인회, 일본사회당 마이즈루 지부, 일본공산당 마이즈루 지구 위원회, 마이즈루 지방 노동조합 협의회 등으로 구성되어, 시민의 손에 의한 현재의 추도 집회의 기원이 되었다. 스나가 씨와 노다 씨에게는 그 후 40년 이상에 걸친 추도 활동의 출발점이 된 것이다.

2. 우키시마호 사건 희생자 추도비를 만들자

•풍화해 가는 전쟁 체험

1965년 8월 24일에 마이즈루 동공회당에서 성대하게 열린 우키시마호 희생자 위령제는 그다음 해부터는 다시 히가시혼간지파 시토쿠지에서 법회로 열리고 있었다. 스나가 씨와 노다 씨를 비롯한 일조협회 마이즈루 지부의 회원도 참가하고 있었다.

법회가 끝나면 본당에서 차를 마시며 잡담을 하는 것이 일과였다. 화제의 중심은 '전쟁에 대한 것'이었다. 참가한 사람 각자가 전쟁의 상처를 가지고 있었다. 육친을 잃은 사람, 먹을 것이 없어 배곯은 추억을 가진 사람, 중국이나 조선, 시베리아에서 귀국해 온 사람, 그리고 우키시마호에 타고 있다가 그대로 마이즈루에 정착한 사람. 참가자의 전쟁 기억은 아직도 생생했고, 그만큼 할 수 있는 이야기는 애처로운 내용뿐이었다.

우키시마호 사건의 생존자도 법회에는 매번 참가하였다. 노다 씨는 우키시마호가 침몰했을 때의 상황을 여러 사람에게서 들었다. 우키시마호가 침몰한 곳은 노다 씨가 출근할 때 언제나 평온한 표정으로 흐르고 있는 마이즈루만이다. 매년 행해진 법회는 전쟁이 아직 주변에 남아 있음을 새삼 느끼게 했다. 태평양 전쟁에서는 310만 명의 일본인이 사망했다. 일본인이라면 누구나 가까운 사람의 죽음이나 슬픔을 경험했으니, 전후 20년이 지난 시점에서도 전쟁의 상처는 아직 깊었다.

그러나 시대는 고도 경제 성장기, 전쟁은 차츰 과거의 일이 되어 가고 있었다. 그런 만큼 법회에 참가하고 있는 사람들 사이에서는 '아직 상처가 치유되지 않은 우키시마호 사건이 이대로 잊혀도 좋은 것일까?' 하는 생각이 강했다. 그런 가운데 우키시마호 희생자 위령비를 만들자는 이야기가 나왔다.

위령비를 만들려면 많은 액수의 경비가 필요하다. 그래서인지 이야기는 좀처럼 구체화되지 않았다. 게다가 노다 씨에게도 망설임이 있었다.

"실은 일조협회 마이즈루 지부 설립총회 때, 위령비를 만들자는 제안이 있었어. 위령비를 만들어 후세에 남겨야 한다는 이야기였지. 하지만 나는 좀 소극적이었어. 만드는 것은 할 수 있겠지만, 만든 다음에는 어떻게 할 것인가라는 문제가 있으니까. 자칫하면 '만들기만 하면 그만'이라는 어중간한 일이 될 수 있다고 생각했지. 하지만 말이야, 매년 법회 후에 사람들과 잡담하고 있으면 '내년에도 또'라든가, '내년에는 어디서 법회를 할까요?'라는 이야기가 나오잖아. 혹은 '역시, 우키시마호의 위령비가 있어야겠네.'라든가, 여러 가지 이야기가 나오지. 그러면 조금씩 논의가 무르익는 거야. 비록 위령비를 만든 뒤가 힘들지라도, 이것은 하지 않으면 안 되는 일이었어.

우리 눈앞의 마이즈루만에서 많은 아이들이 희생되었어. 옛날이야기라고 해서 잊어버리면 죽은 사람들이 고이 잠들 수 있을까? 그렇게 생각하니 잊지 않기 위해서라도 위령비를 정말로 만들고 싶었어."

이리하여 노다 씨와 일조협회 회원들은 위령비 건립을 위해 움직이기 시작했다. 그러나 최초의 건립 운동은 '불꽃을 쏘아올린' 것만으로 끝나 버리고, 위령비 건립은 실현되지 않았다. 여러 가지 원인이 있었지만, 제일 큰 문제는 위령비를 설치할 수 있는 땅을 확보할 수 없었던 것이었다. 그 부분을 스나가 씨가 총괄해 주었다.

"나중에 생각해 보니 토지를 확보하지도 못했고, 일조협회 마이즈루 지부 회원들만 데리고 진행하려고 했기 때문에 위령비 건립은 도통 실현되지 않았어. 관계자와의 충분한 의논도 부족했다고 생각해. 역시 뭔가를 하려고 생각하면 가능한 한 많은 사람들에게 도움을 청하고, 상담하거나 대화하지 않으면 안 돼. 하지만 그런 실패의 경험이 그 뒤의 기념비 만들기에는 도움이 되었어."

이렇게 말하며, 노다 씨와의 이인삼각(二人三脚)을 이룬 스나가 야스로 씨는 마이즈루 시청 직원으로 구성하는 노동조합의 임원을 오랫동안 맡았다. 매년 봄이 되면, 젊은 직원이 시청에 들어온다. 그들과 이야기하고 있으면 전쟁에 대한 것을 모르는 사람들이 점점 늘어난 것을 실감하고 있었다.

"우리들에게는 당연한 일이지만, 세월이 지나니 '이런 일도 모르는구나.' 하고 놀라는 일이 많아지더군. 예를 들면, '센닌바리(千人針)'를 모르는 직원도 있었어. 그러나 그것은 그들의 책임이 아니라 우리들, 즉 전쟁을 체험해 온 사람들의 책임인지도 몰라. 우리들이 체험해 온 것을 젊은이들에게 제대로 전하려는 노력을 하지 않으면 안 되겠지."

---

* 무운장구(武運長久), 즉 전쟁에 나간 병사들의 행운을 비는 민간 신앙으로 많은 여성이 한 장의 천에 실을 꿰어 매듭을 만드는 기원 기법 및 완성된 부적을 말한다. 보통 1,000명의 여성들이 길이 1m 정도의 하얀 천에 붉은 실을 한 땀씩 꿰매어 매듭을 만드는데, 제2차 세계대전까지 일본에서 활발히 행해졌다. -역자주

2. 우키시마호 사건 희생자 추도비를 만들자

• 스나가 씨의 성장

스나가 야스로 씨는 1925년(다이쇼 14년) 1월에 중국의 안둥(安東)에서 태어났다. 안둥은 중국 동북부의 압록강을 끼고 조선과 마주하는 국경의 마을이었다. 현재는 단둥시(丹東市)라고 한다. 덧붙여 '야스로(安郞)'라는 이름은 그 안둥(安東)의 '安' 자에서 따온 것이다.

부친은 남만주 철도 주식회사(南滿州鉄道株式会社, 약칭 만철(滿鉄))에서 일하고 있었다. 만철은 러일 전쟁 후 1906년에 설립되어, 이후 일본의 패전까지 일본의 만주 지배의 중심이 된 반관반민(半官半民)의 국책적 철도회사이지만, 단순한 철도회사는 아니고, 다양한 사업을 함께 했다. 탄광, 제철소, 자동차, 수운, 전력, 가스, 여관을 비롯하여 지역에 따라서는 행정적 기능도 겸비했다. 영국의 동인도회사를 본보기로 삼은 회사 형태의 식민지 기관으로, 초대 총재에는 대만에서의 식민지 경영 능력을 높이 평가 받은 고토 신페이(後等新平)가 취임해 있었다.

스나가 씨는 1931년(쇼와 6년) 4월, 안동대화(安東大和) 심상소학교(尋常小学校)에 입학했다. 그해 9월 18일에는 류조코(柳条湖) 사건 *을 계기로 하여 중일 15년 전쟁이 시작된다.

---

* 만주사변의 발단이 된 철도선로 폭파 사건으로 1931년 9월 18일 발생. -역자주

가족에 둘러싸인 스나가 씨(왼쪽에서 세 번째)

그리고 그 다음 해 1932년 3월에는 만주국(滿洲國)*이 설립된다. 스나가 씨가 사는 안둥의 마을도 만주국 영역이 되었다. 만주국은 청조(淸朝)의 마지막 황제였던 푸이(溥儀)를 원수(元首)로 삼아 건국되고, 오족(五族: 일본인, 조선족, 만주족, 몽골족, 한족) 협의에 의한 왕도낙토(王道樂土, 아시아적 이상 국가) 건설이 제창되었다. 하지만 실제로는 일본의 전쟁 물자 공급지로 삼는 것을 목적으로 건국된 것이다. 실권도 일본인

---

* 일본의 관동군이 1931년에 만주사변을 일으킨 후, 그 다음 해에 중국 만주 지역에 세운 괴뢰정권 국가. 관동군의 꼭두각시 노릇을 하다가 1945년 패전으로 중국에 반환될 때까지 존재했다. -역자주

2. 우키시마호 사건 희생자 추도비를 만들자

관리(官吏)와 만주 주둔 군부(関東軍)가 쥐고 있었다.

'만주'에서 태어나 자란 스나가 씨가 일본으로 '귀국'하기까지의 에피소드를 몇 가지 소개하겠다.

스나가 씨에게는 5살 많은 형이 있었다. 구제(舊制) 중학교 때 수학 시험을 치면 교사도 놀랄 정도의 명답을 제출했으므로, 형제 중에서는 가장 우수했다. 그러나 그 형이 중학교 졸업을 얼마 앞두고 퇴학당했다. 무엇 때문에 퇴학당했는지 어린 스나가 씨는 듣지 못했다. 친구의 꾐에 빠져 밤중에 외출하는 것은 알았지만, 정확히 무엇을 하고 있었는지는 몰랐다. 어머니는 '술을 마셔서……'라고 하셨지만, 나중에 돌이켜 보니 당시 엄하게 단속하고 있던 '사연(社研, 사회 문제에 대해 배우는 연구회)'과 같은 모임에 참가하고 있었던 것은 아니었을까 하고 스나가 씨는 생각했다.

스나가 씨의 형은 그 뒤, 군대에 소집되어 포병대 소속으로 중국 전선에 투입된 뒤로는 소식이 끊겼는데, 태평양 전쟁이 끝나고 나서 사망 통지서를 보내왔다. 1944년 11월에 중국의 후난성(湖南省)에서 전사했다는 통지였다.

스나가 씨는 소학교 고등과를 졸업한 뒤, 1939년 4월, 푸순(撫順) 공업학교에 입학했다. 학교는 3년 과정이었지만, 1941년 12월에 미국과 전쟁이 발발했기 때문에 3개월 앞당겨 12월에 졸업하게 되었다. 전쟁이 점점 치열해지던 시기였다.

1945년 5월, 드디어 스나가 씨에게도 아카가미(赤紙, 소집영장)가 도착했다. 투먼(圖們) 공병대에 입대하라는 명령이었다. 투먼 마을 동쪽에는 소련 국경이 가까이 있었다. 공병대는 육탄전을 하는 보병보다 전방에 나가 다리를 놓거나 도로를 만들기도 하는 부대이다. 가장 힘들고 가장 위험한 곳이었다.

투먼으로 가는 아침, 안둥역에 가족 몇 명만 배웅하러 나왔다. 스나가 씨는 '훌륭하게 죽어 돌아오겠습니다.'라고 작은 소리로 인사했다고 한다. 일본의 패색은 짙었다.

· 군대 생활

입대해 보니, 투먼 공병대의 막사는 텅 비어 있었다. 고참병의 말에 의하면 부대의 대부분은 남쪽 전선에 파견되었다고 한다. 마침내 신병에게 삽과 곡괭이가 건네졌다. 삽과 곡괭이로 하는 훈련은 '다코쓰보(개인 참호) 파기'였다. 평탄한 지면에 자신의 몸을 숨길 수 있을 정도의 구덩이를 파는 훈련이다. 야전이 벌어졌을 때 이 구덩이에 들어가 적군 전차의 캐터필러(caterpillar)에 폭약을 끼워 넣기 위한 것이었다. 처음부터 자폭을 각오한 훈련이다.

7월 말경, 실제 일본군 전차를 사용한 훈련이 실시되었

다. 전차가 다가온다. 구덩이에 파묻혀 있다가 전차가 구
덩이 바로 위로 통과하기를 기다린다. 굉음을 울리면서 다
가오고 있는 캐터필러가 밭의 흙을 휘감고 들어오는 것을
눈앞에서 보면 등이 짓눌릴 것 같은 두려움으로 가득했다.

1945년 8월 9일, 소련이 만주로 침공해 왔다. 투먼 공병
대는 수비 부대를 남기고, 급히 서둘러 두만강을 건너 조
선 영역으로 이동하게 되었다. 이동한 곳에서의 최초의 일
은 군마(軍馬)의 대피호 만들기였다. 늘 변함없이 '인간은
얼마든지 보충할 수 있지만, 말은 항상 부족하다.'라고 설
명했다.

• 패전 그리고 시베리아 억류

그리고 일본의 패전. 스나가 씨가 소속된 부대 전원이
모여 열차로 이송되었다. 도착한 곳은 시베리아의 수용소
였다. 그곳이 어디인지 아무도 몰랐다. 수용소는 죄수가
들어가 있던 건물이었다. 스나가 씨를 비롯한 부대원들이
수감된 건물은 4개 동으로 본부동, 식당, 의무실, 욕실 등
이 있었고 화장실은 별채로 되어 있었다. 각 동은 10m 정
도 떨어져 있었고, 각 동을 잇는 길을 벗어나면 신발이 푹
빠지는 언 땅이 나왔다. 이들 각 동을 3m 정도의 통나무

로 만든 담이 둘러쌌고, 네 모퉁이에는 망루가 있었다. 총을 든 소련 병사들이 언제나 그곳을 지키고 있었다. 담의 안쪽에는 울타리(內柵)가 있었다. 이것은 막대기를 건너지른 간단한 구조물로 가랑이를 벌리고 넘을 수 있는 담이었지만, 이 안으로 들어가면 묻지도 않고 바로 사살되었다.

수용소의 한 동에는 대략 80~120명 정도가 모여 생활했고, 서로 마주보게 배치된 4인용 2단 침대가 10~15개 정도 있었다. 난방은 한 동에 페치카(pechka) 하나가 있을 뿐이었다. 추워서 모두 옷을 입은 채로 잘 수밖에 없었다.

수용소에서의 생활이 시작되었다. 매일의 작업은 벌채였다. 숲에 들어가 곧은 나무를 베어낸 뒤, 6.5m의 길이로 가지런히 자른다. 건설용 자재라고 했다. 3인 1조로 작업을 한다. 두 사람은 당기는 톱으로 잘라 쓰러뜨리고, 한 사람은 도끼로 가지를 친다. 1인당 할당된 노동량은 3세제곱미터(㎥)였다. 밑동의 굵기가 50~60cm이면 하루에 3개가 할당량이 된다.

포로들의 작업은 언제나 소련 병사가 감시하고 있었다. 점심도, 일을 끝마치는 것도, 집합도 모두 감시병의 신호가 있어야 이루어졌다. 소련 병사는 모두 젊었다. 10대가 대부분이었다. 여러 가지 유형의 감시병이 있었다.

---

* 러시아의 난로 겸 오븐이다. 일본에서는 러시아식 난로를 말하며, 훗카이도에서 볼 수 있다. -역자주

2. 우키시마호 사건 희생자 추도비를 만들자

약간 신경질적인 소련 병사도 있었다. 안경을 쓰고 있어 조금 인텔리 스타일이었다. 그가 깐깐하게 감시를 계속했으므로 괴로웠다. 이 병사는 휴식 시간에 노트를 꺼내 뭔가를 끄적이고 있다. 누군가가 가서 엿보니, 기하(幾何) 문제를 풀고 있는 것이었다. 신기했다. 그는 포로들 사이에서 한동안 화제가 되었다. 그 소련 군인에게 말을 걸러 간 사람이 있었다.

　"나는 공부하다가 조국을 위해 전쟁에 참가했다.", "하루라도 빨리 다시 공부하는 날로 돌아가고 싶다.", "수학을 좋아하고 잘한다." 스나가 씨 등은 그 진지함에 감탄했지만, 포로들을 감시하는 그의 정직성은 고쳐지지 않았다. 대신, 포로 중에도 지혜로운 자가 있었다. 동료 포로 중에 대학에서 학생들을 가르치고 있던 사람이 있다는 것을 알고 즉시 상담을 시작했다. 그리고 어느 날 수학 문제 한 장이 이 소련 군인에게 건네졌다.

　"이 문제를 풀 수 있겠는가?" 쉬운 문제였는지 그는 그 자리에서 척척 풀었다. "훌륭해!" 문제를 건네준 자가 호들갑을 떨면서 놀라 문제지를 들여다 본다. 다음 날, 다음 문제가 건네졌다. 이러한 주고받기가 며칠간 계속되었다. 그는 문제를 푸는 데 시간이 걸리게 되었다. 작업 시간 중에도 작은 휴게실에 틀어박혀 수학 문제와 씨름하고 있다. 드디어 현장에 얼굴을 드러내지 않았다. 작전 성공!

이윽고 얼굴을 내민 그는 "이제 문제는 필요 없어."라고 했다. 그의 표정은 좀 분해 보이기도 하고, 허전한 것 같기도 했다. 그 뒤 그는 작업 현장에서 조금 떨어진 곳에 서서 보고 있게 되었다. 수학 문제를 출제해주던 대학 선생 출신의 포로가 말했다.

"그는 상당한 실력자야. 정말 공부하고 싶었겠어." 나라는 다르지만, 전쟁으로 공부를 중단해야 했던 젊은이가 여기에도 있었다.

• 최초의 '일본 귀국'

이윽고 스나가 씨는 일본으로 귀국하게 되었다. 이때 체중은 약 42kg이었다. 평소 몸무게가 60kg이었는데, 뼈와 가죽만 남았다. 고작 10cm 남짓한 통나무만 넘으려 해도 걸려버릴 것 같았다. 다리가 올라가지 않았던 것이다.

'귀국'이라고는 해도, 스나가 씨는 안둥에서 태어나 중국 대륙에서 자랐기에 일본에 가는 것은 처음이었다. 1947년 11월 27일, 스나가 씨를 태운 귀국선 다카사고호(高砂丸)는 마이즈루에 입항했다. 영양실조로 비실비실한 귀국이었다. 돌아갈 집도 없었다. 아버지는 도쿄에서 태어났지만, 스나가 씨 자신은 중국 대륙에서 자랐다. 잠시 마이즈루에

머물기로 하였는데, 3년 뒤인 1950년, 스나가 씨는 마이즈루 시청 직원이 된다. 그때 스나가 씨는 26살이었다.

스나가 씨는 이렇게 회상했다. "지금껏 살아오는 동안 만주사변, 중일 전쟁, 태평양 전쟁, 패전이라는 역사의 고비를 맞으면서 내 자신은 만주에서 태어나 군인이 되고, 패전으로 포로가 되어 소련에 억류되는 등의 경험을 했어. 이렇게 돌이켜 보면 힘든 경험 같지만, 당시에는 단지 '어제와 똑같은 오늘이 내일로 이어지며 매일이 반복된다.'라는 것만 실감한 것 같아.

게다가 그 체험은 나 혼자만 겪은 것이 아니라, 일본 전체가 똑같이 겪었어. 시베리아 억류라고 해도 수십만 명 가운데 한 사람으로 있으면 의외로 비관에 빠지지 않고 하루하루를 지낼 수 있으므로, 당사자는 그렇게 힘든 경험이라고 생각하지 않게 돼. 그러나 전쟁이 없는 지금에 와서 생각하면, 나의 전쟁 중의 20년은 역시 비정상적이고, 특별한 체험이었던 것은 틀림없어. 생각해 볼 것도 없이 나의 20년짜리 전쟁 체험 같은 것은 겪지 않는 것이 더 좋을 것이고, 어리석은 역사를 반복하는 일은 없어야 한다고 생각해."

• 두 번 다시 전쟁은 싫다

스나가 씨가 자신이 체험한 전쟁의 의미를 생각하거나 평화를 향한 마음, 중국, 한국에 대한 가해 책임을 의식하기 시작한 것은 어느 때였을까.

"다시 생각해 보지만, 잘 기억나지 않네. 일본으로 귀국한 당시에는 그런 생각을 하지 못했어. 하지만 갑작스럽게 전쟁에 대해서 생각하기 시작한 것은 아닌 것 같아. 우선 사회 문제에 대해 의식했다고 생각해. 시청 노동조합의 청년부 임원이 된 것이 계기였어.

당시 전국 자치단체에서는 지방 재정 위기를 이유로 해고가 진행되고 있었어. 마이즈루시에서도 영선 목수나 도로 노동자 등 51명의 해고가 발표되었고, 나는 청년부 임원으로서 반대 운동에 참가했지. 시 당국은 교섭에서 '재정 적자 때문에……'라고 설명했어. 그러나 '왜 설 자리가 약한 직원부터 해고를 당하는 것인가.'라는 의문이 들었어. 그때까지는 보이지 않았던, 생활의 배경에 있는 '사회의 구조'에 눈을 돌리게 된 거야.

1954년, 노동조합의 집행위원이 되었어. 사람들 앞에서 이야기하거나 여러 사람과 대화하거나 하는 기회가 늘어났지. 마침 시대는 안보 투쟁의 전야였어. 그리고 1960년은 안보 투쟁을 일삼은 한해였지.

2. 우키시마호 사건 희생자 추도비를 만들자

한번은 조합 임원 모두가 분담하여 시의회 의원들을 방문하는 활동에 나섰어. 의원 한 사람 한 사람을 만나, 안보조약의 위험성을 호소하고 함께 반대해 달라고 요청하며 다녔지. 의원에게 이야기하려면 공부가 필요했어. 때로는 일이 시작되기 전 아침 30분을 이용하여 조합 임원이 매일 교대로 안보에 대해 이야기했어. 하지만 30분이나 이야기하려면 나름대로의 준비가 필요하더군. 안보조약이나 전쟁의 구조를 본격적으로 공부한 것은 이때가 처음이었어.

어려운 이론은 아직 몰랐어. 그러나 나 자신의 전쟁 체험을 반추해보면, 또 전쟁이 일어나는 것만은 용서할 수 없었어. 전쟁으로 이어질 수 있는 움직임은 막아야겠다는 필사적인 마음이었지. 또 전쟁 체험자도 많고, '두 번 다시 전쟁은 싫다.'라는 분위기가 사회 전체에 넘치고 있었어.

그 뒤 노다 씨를 만나 우키시마호 사건에 대하여 공부했어. 여러 가지 대처 문서를 작성했고 노다 씨가 추도 집회에서 낭독하는 문장도 내가 만들었단다. 누구라도 그렇겠지만, 다른 사람의 이름으로 발표하는 문장은 자신의 이름을 쓸 때보다 더 힘을 쏟아 준비하게 돼. 남을 위한 문장을 만들기 위해 많이 공부했어."

스나가 씨는 '대화'나 '학습'이야말로 평화에 대한 생각을 키웠다고 강조했다.

"이렇게 돌이켜 볼 때, 전쟁을 경험하는 것만으로는 전쟁에 대해 알 수 있는 게 아니라고 생각해. 역시 스스로 생각하고, 스스로 공부해 보지 않으면 몰라. 내 경우엔 안보 투쟁 당시 '전쟁은 싫어!'라는 생각에 책을 읽거나 다른 사람과 이야기하거나 하며 꽤 공부했어. 이때 새삼스럽게 전쟁에 대한 내 생각을 정리할 수 있었던 것 같아.

식민지의 일이나 내가 태어나고 자란 고향이 실은 중국 사람들의 땅이었다는 생각. 왜 일본인이 중국까지 갔을까? 이런 생각을 기점으로 아시아인들에 대한 미안함과 전쟁 책임 등을 처음으로 의식하기 시작했어.

이렇듯 내 내면의 전쟁에 대한 사고방식이 변화한 것은 1960년 안보 투쟁 무렵이야. 그리고 노다 씨나 우키시마호 사건 등을 만나서 여러 가지 일을 해 왔어."

• 우키시마호 사건을 전하는 기념비를 만들자

1975년(쇼와 50년)의 어느 날, 그해 여름에 열릴 우키시마호 희생자 추도식 준비 회의가 열렸다. 추도식의 내용, 진행, 준비물 등에 대해 의논하기 위해서였다. 정식 의제는 아니었지만, 누구랄 것도 없이 몇 년 전부터 현안이었던 위령비를 화제로 삼았다. 지난 10년간 만들고 싶다고 생각하면서도 실현되지 않았던 위령비, 즉 '추도비'이다. 우키시마호 사건의 생존자나 관계자도 고령화되어 있었다.

이번에야말로 우키시마호 사건으로 죽은 사람들의 추도비를 만들자, 회의 때에는 그런 분위기가 넘치고 있었다고 한다.

"내후년 1977년은 불교에서 말하는 33주기 기일이야. 그걸 목표로 만들면 어때?" 참가자들로부터는 그런 의견도 나왔다. 참가자들의 공통된 바람은 전쟁 체험을 아이들에게 전해주고 싶다는 것이었다. 전쟁이 끝난 지 벌써 30년이 경과하고 있었다. 역사 교과서에서 전쟁에 대한 기술이 지워지거나, 전쟁을 하기 위한 '유사입법(有事立法)"이라는 법률이 준비되고 있다는 이야기가 세상을 떠들썩하게 하거나, 전쟁에 얽힌 역한 이야기를 많이 듣게 된 것도 추도비를 만들고 싶다는 생각을 지지했다. 그해의 우키시마호 희생자 추도식은 꼭 30주년이었다. 취재진 신문 기자에게 추도식의 감상을 질문받은 노다 씨는 "추도비를 만들고 싶다."라고 대답했다.

그리고 그해에 '우키시마호 희생자 추도비 건립 위원회'가 결성되었다. 마침내 추도비 건립이 다시 구체적인 첫걸음을 내디딘 것이다. 회장은 사타니 야스시(佐谷靖) 마이즈루 시장이 맡아 주었다. 실행 위원회의 멤버도 다양하

---

* 전쟁 또는 사변 시에 특히 자위대의 활동을 보장하고, 한편으로는 국민의 권리를 제약하려는 포괄적인 입법.-역자주

다. 부의회(府議会) 의원, 시의회의 각파 대표, 부인회, 종교회, 노동조합, 자치단체 대표 등 시 전체의 대처라고 할 수 있다. 최초의 추도비 건립은 시민 모두의 운동이 되지 못하고 실패했지만, 그때의 경험을 살렸다.

젊은 노다 씨는 사무국 차장을 맡았다. 그리고 스나가 씨는 회계 감사이다. 사무국의 사무로는 부지 물색과 기금 모으기, 그리고 추도비 제작이라는 방대한 일이 있었다. 그 중심이 된 것은 역시 스나가 씨와 노다 씨의 이인삼각 콤비였다.

실행 위원회에서는 추도비 건립 시기를 희생자의 33주기에 해당하는 1977년(쇼와 52년)으로 계획했다. 그리고 목표 실현을 위해서 우선 추도비를 세울 토지의 확보와 700만 엔(당초의 계획에서는 500만 엔)의 자금이 필요했다.

스나가 씨와 노다 씨는 즉시 그 준비를 시작했다. 특히 지난번의 실패는 땅을 확보할 수 없었던 것이 커다란 원인이었으므로, 두 사람은 추도비를 세울 땅을 찾아서 휴일마다 마이즈루 시내의 여기저기를 걷기 시작했다. 노다 씨가 그리운 듯 말해 주었다.

"땅을 찾아 여기저기 갔었지. 고로가타케(五老岳)*에도 올라갔어. 고로가타케 정상이라면 우키시마호가 가라앉

---

* 교토부 마이즈루시의 중앙부, 히가시마이즈루(東舞鶴)와 니시마이즈루(西舞鶴)를 나누는 해발 301m의 산. -역자주

2. 우키시마호 사건 희생자 추도비를 만들자

은 장소도 보이고 좋겠다고 이야기했어. 하지만 시청에 가서 물어 보니 '고로가타케의 정상은 도시 계획 공원이므로 안 된다.'라는 답변이 돌아오더군.

그럼 어디 좋은 곳이 없느냐고 물었더니 마이즈루시가 조성한 묘지를 알려주더라. 하지만 산속이라서 바다도 안 보이고, 또 남은 자리가 한 군데밖에 없었어. 딱 맞는 땅이 없어서 마땅한 장소를 정하기가 힘들었어.”

• 겨우 결정된 건립지

애당초, 추도비 만들기는 설치 장소가 정해지지 않으면 준비조차 할 수 없다. 토지 조성의 견적도 안 되고, 전체 경비도 계산할 수 없기 때문이다. 그러므로 설치 장소를 결정하고 확보하는 일은 추도비 실현을 위해 가장 중요한 첫걸음이었다.

두 사람은 우키시마호가 가라앉은 장소에서 가까운 시모사바카(下佐波賀) 주변도 걸어 보았다. 우키시마호 침몰 현장에서 가까운 연안부는 가파른 경사면으로 산이 내려와 있었다. 그 때문에 지역 주민들은 대대로 돌을 쌓아 올려, 약간의 논밭을 일구어 경작지로 삼았다. 지역 주민에게는 귀중한 땅뿐이다. 추도비 건립에 제공해 줄 만한 땅은 없었다.

또 마이즈루만이 보이는 전망 좋은 언덕에 설치 장소를 마련하면, 설치 도로도 필요하게 되어 공사비가 엄청난 금액이 될 것이 확실했다. 여기저기 다니기도 하고, 여러 사람에게 물어보기도 했지만, 적당한 장소를 찾지 못한 채 날짜만 지나가고 있었다.

그런 이야기가 학교 선생님들 사이에 퍼져 나가, 어느덧 노다 씨의 옛 제자에게까지 닿았다. 그 사람은 우키시마호가 폭침된 곳 근처인 시모사바카에 생가가 있었다. 생가에 돌아가 아버지께 어릴 때 신세를 진 노다 선생님이 땅을 찾는 데 애를 먹고 있다는 이야기를 했다.

우연이라는 게 신기하게도 아버지는 우키시마호 사건 때, 작은 배를 저어 구조에 나선 경험자였다. 그러니까 그로서는 추도비 건립이 남의 일로 생각되지 않았고, 이리저리 생각해 보다 자신이 관리를 위탁받은 시모사바카의 토지가 유휴지로 되어 있는 것을 떠올렸다. 그 이야기를 들은 노다 씨는 펄쩍 뛰며 기뻐했다.

"시모사바카라면 우키시마호가 가라앉은 곳 바로 근처야. 스나가 씨랑 바로 보러 갔어." 즉시 그 땅의 소유자에게 부탁하자, "그런 이야기라면 사용해도 좋다."라며 흔쾌히 승낙해 주었다. 실행 위원회 사람들도 매우 기뻐했다. 그 땅은 우키시마호가 폭침된 현장을 눈앞에서 바라볼 수 있는 곳에 있었다. 추도비를 세우는 데 그 이상 좋은 장소는 없었다.

• '희생자 추도비'를 만들기 위한 3원칙

추도비를 세울 토지가 정해지자 이번에는 700만 엔의 기금 모으기가 본격적으로 시작되었다. 그러나 자금 모으기도 처음부터 큰 문제에 부딪히게 된다. 스나가 씨는 당시를 돌이켜 본다.

"시모사바카의 땅을 찾았을 때는 모두가 기뻐했지. '이번에는 자금의 확보야.'라며 뛰어다녔지만, 이 자금을 모을 때 우리들의 대처도 재검토를 하지 않으면 안 되었어.

건립 실행 위원회에서 추도비 자금 모금에 대해 논의했어. 그중에서 재일본 조선인 총연합회 교토부 산탄(山丹) 지부(이하 조선총연)와 (당시) 재일본 대한민국 거류민단 교토부 마이즈루 지부(이하 민단)의 협력도 부탁하자는 얘기가 나왔어. 그래서 각 단체와 의논했지. 분명히 1976년(쇼와 51년)의 가을쯤이었던 것 같아. 추워지기 시작할 무렵이었거든.

조선총연(朝鮮總聯)과 의논하여 부탁하자, 그쪽에서는 '그것 참 좋은 일입니다. 가능한 한 협력하겠습니다.'라고 이야기했어. 그리고 다음으로는 민단(民団)과 의논했는데, 이게 옥신각신했어. 장소는 히가시 공민관(東公民館)이었어. 우리 쪽은 스나가, 노다 등 4~5명 정도였고 민단은 2~3명이었는데 대화 중에 격렬한 말썽이 생겼어. '추도비 건립의 호소문이나 각종 유인물에 <조선>이라고 씌어 있는 것은 편향적이다. 그것을 고친다면 협력하겠다.'라고 지적하더라고. 우리 쪽에서 '이제 와서 고칠 수 없다.'라고 하자, '그러면 협조할 수 없다.'라는 답이 돌아와, 민단과는 결렬되었어."

민단으로부터 격렬한 말썽이 나온 것은 실행 위원회에게는 커다란 충격이었다. 그것은 의식 어딘가에 '이것은 조선인 희생자를 위한 추도비 건립이므로 당연히 협력을 얻을 수 있을 것'이라는 생각이 있었기 때문이었다. 그런 만큼, 정작 민단부터 불만이 생기는 추도비 건립 운동은 무슨 의미가 있는지, 과연 건립의 의미가 있는지 망설여지기 시작했다. 대처는 가장 중요한 근간이 애매하여, 무언가가 흔들리고 있는 것처럼 생각되어 왔다.

실행 위원회 안에서 출구를 모색하려는 논의가 계속되었다. "하지만 이때의 대화가 중요했어."라고 스나가 씨는 차근차근 이야기했다. "우리에게 '한국, 조선인을 위한 추도비를 만드는 거니까 당연히 돈도 내겠지, 협력해주겠지.'라는 마음이 있었던 것은 사실이었어. 하지만 민단의 사람들에게 협력할 수 없다고 거부당하고 나니까, 애당초

이 추도비 건립은 무엇 때문에 하는 것인가와 같은, 운동의 자세와 목적에 대한 질문을 재차 받았어.

자신들이 대처하고 있는 추도 활동이란 무엇일까라는 생각이 모두에게 있었어. 이 문제는 모두 함께 의논했지. 생각해 보면 그때까지는 확실한 대처의 주체가 있어서 추도 집회를 하고 있었던 것은 아니야. '추도'의 뜻을 가진 사람이 모두 모였다는 그 한 가지만으로 추도 집회를 해 왔어. 추도의 마음과는 별개로, 실제로 추도한다는 행위가 구체적으로 어떤 의미를 갖고 있는지는 명확하지 않았던 것 같아."

실행 위원회에서 몇 차례 논의를 계속함으로써 추도비 만들기 운동의 의미가 한 걸음 더 나아간 형태로 뚜렷해졌다. 그것은 일본의 전쟁 책임에 대한 심정이었다. "잘 생각해 보니 우키시마호 사건은 일본에 의한 조선 식민지 지배와 일본이 시작한 전쟁의 결과로 일어난 거야. 희생된 사람들의 추도라고 해서 일본인도 한국인들도 함께 추도 집회를 열어 왔지만, 역사를 보면 '다시는 이런 비참한 일을 일으키지 않을' 책임은 일본인 쪽에 있어. 그러므로 우리들, 즉 일본인 자신이 책임지고 추도비를 만들 필요가 있었어."

대화를 거듭하는 가운데, "이 추도 운동은 일본인의 책임으로써 실시하는 것이다."라는 것이 분명해졌다. 역시 우키시마호 사건의 역사적 배경을 생각하면, '일본인의 역사적 책임으로서의 추도 운동'이라는 대처의 주체를 확실히 해두지 않으면 여러 가지 혼란도 일어나며, 오해나 실수도 일어난다. 따라서 추도 운동을 벌이는 자로서는 역사에 대한 태도를 분명히 해야 한다는 것이었다. 자국의 역사에 대한 일본인으로서의 반성과 다시는 침략 전쟁을 일으키지 않기 위한 운동으로서의 추도비 건립에 힘써 나가자는 것이 분명해졌다.

"즉, 민단이나 조총련에 의존하지 말고, 일본인의 책임으로서 추진해 나가자는 거야."라고 스나가 씨는 단호히 정리했다. 이 대화 속에서 지금까지의 활동 스타일도 조정되었다. 노다 씨의 설명을 들어 보자.

"종교 문제. 그때까지의 추도 집회는 불교식으로 하고 있었어. 그러나 추도비를 만드는 운동 속에서는 다양한 종교를 가진 사람들이 협력해주었지. 예를 들면, 기독교의 아오바교회(靑葉教会). 거기 목사님은 진지하게 잘 임해주셨어. 그런 것들을 생각하다보니, 추도 집회도 종교의 차이를 넘어 참가할 수 있는 형태로 발전해 갔어.

그리고 생각해 보니 당연한 일이지만, '정당, 정파에 치우치지 않겠다.'라는 것도 함께 결정하게 됐어. '추도하는 모임'은 우키시마호 사건으로 죽은 사람들을 추도하고 싶은 사람들이 모인 집단이야. 그러니까 민단의 사람들과 의논하여 우리가 미처 생각하지 못했던 문제점을 지적받은 것은 결과적으로 고마운 일이었어."

실행 위원회에서는 다음의 3가지 원칙을 정했다.

① 일본인의 책임으로서 행한다.

② 정당, 정파에 치우치지 않는다.

③ 종교, 종파에 치우치지 않는다.

그리고 추도비는 우키시마호 사건의 사실을 알리는 기념물로 만드는 것을 목적으로 건립 운동을 진행하게 되었다. 이렇듯 추도비를 만드는 운동을 진행해 나가면서 추도 활동의 목적도 명확해졌다.

·'옥신각신', 추도비의 이미지

추도비를 세울 땅이 확보되었으니 이번에는 추도비를 제작해야 한다. 간신히 토지 확보의 전망이 보이게 되었으므로, 실행 위원회에서는 '누구에게 추도비의 제작을 의뢰할 것인가'에 대한 관심이 고조되고 있었다. 실행 위원회 안에서 그 일이 화제가 되어, 사무국장인 노다 씨가 그 질문에 대답했다.

"제 개인적인 생각입니다만, 저는 중학교 선생님께 추도비 제작을 부탁하면 어떨까 생각하고 있습니다. 소중한 추도비이므로 '전문가에게 의뢰하면 어떻겠느냐'라는 의견을 가진 분도 계시겠지만, 마이즈루의 미술 선생님들 중에 조소(彫塑)를 전공한 분도 계십니다. 마이즈루에 그런 선생님이 계시므로 협력을 받으면 어떨까 생각하고 있습니다."

노다 씨의 이야기를 듣고 위원들은 당황하는 눈치였다고 한다. 중학교 선생님은 바쁘기로 유명하다. 낮에는 수업이 있고, 저녁에는 동아리 활동도 있다. 밤에는 휴식을 취해야 하고, 회의나 갑작스러운 생활 지도가 날아들기도 한다. 그리고 가끔은 휴일에도 동아리 활동 시합 같은 이런저런 행사가 꽉 차 있다. 예나 지금이나 이래저래 바쁘신 게 중학교 선생님들이다. 그리고 미술 선생님이라고 해도 조소의 프로는 아니다. 아이들에게 미술을 가르치고는 있지만, 선생님들이 만든 작품은 본 적도 없었다.

"중학교 선생님이 만들 수 있을까?"

"괜찮을까?"

그런 분위기를 헤아리고 노다 씨는 다시 한 번 발언했다.

"저도 중학교에서 가르치고 있지만, 미술 선생님들에게는 '꿈(夢)'이 있다고 합니다. 그것은 자신들이 만든 조각상을 마이즈루 곳곳에 세워 마이즈루를 조각의 거리로 만들고 싶다는 꿈입니다. 그래서 우키시마호 희생자 추도비 제작도 힘들겠지만 만들어 주지 않을까 생각합니다."

노다 씨에게는 '그들이라면 틀림없이 맡아 줄 것'이라는 자신이 있었다. 왜냐하면 미술 교사 중에서 리더 격인 쓰카모토 고사쿠(塚本浩策) 씨가 노다 씨의 친구였기 때문이다. 그리고 노다 씨의 학창 시절 후배이자, '마동연' 동료이기도 했다.

실행 위원회에서 위임받은 노다 씨가 쓰카모토 씨에게 정식으로 의뢰하자 쓰카모토 씨는 흔쾌히 받아 주었다. 또 추도비 제작의 팀장도 맡아 주었다. 쓰카모토 씨는 즉시 추도비의 구상, 디자인부터 원안 작성, 작업 계획, 그리고 미술 교사 동료들에게 의뢰 및 정리를 적극적으로 시작했다. 거침없고 행동적인 사람이다.

쓰카모토 씨는 1937년(쇼와 12년)생으로 당시 39세, 직장은 마이즈루 시립 와다(和田) 중학교였다. 또렷한 큰 눈, 언제나 햇볕에 그을린 얼굴에, 살쩍이 아주 컸으므로 학생들은 그를 '아파치'*라고 부르며 친근하게 대했다. 큰 소리로 말하는 싹싹한 선생님이었다. 학생들의 눈에는 미술 선생님이라기보다 생활 지도 선생님으로서의 인상이 더 강했다.

군상(群像)의 제작을 시작하면서 쓰카모토 씨는 조소가 전공인 선생님뿐만 아닌 여러 사람에게 자문을 구했다. 큰 석상을 만들기란 좀처럼 할 수 있는 경험이 아니다. 모처

---

* 외모와 얼굴 등이 '북아메리카의 아파치족'과 같은 이미지여서 붙은 별명. -역자주

럼의 기회이니까 모두 함께 만들려고 하는 생각에서였다. "비록 하루라도, 점토 한 조각이라도 좋으니 들여다보러 오세요." 그런 식으로 쓰카모토 씨는 여러 사람에게 이야기를 전하며 돌아다녔다.

제작에 앞서 쓰카모토 씨가 생각한 추도비 원도는 한복 차림의 여성상이 우키시마호가 침몰한 사바카의 바다를 바라보며 중앙에 서고, 여성의 왼손에는 축 늘어진 아기, 발 밑에는 고뇌에 찬 표정을 짓는 남자들을 배치하는 것이었다. 죽은 이들의 아픔과 슬픔이 고스란히 전해져 오는 군상이었다.

하지만 이 추도비의 원안은 실행 위원회에서 크게 논란이 되었다. 위원으로부터 사무국장인 노다 씨에게 기념비의 원안에 대해 질문이 나왔다.

"추도비의 원안입니다. 아직 완성된 것은 아니지만, 쓰카모토 선생님에게서 이러한 스케치를 받았습니다."라고 노다 씨는 스케치를 들고 위원들에게 원도를 보여 주었다. 그러자 위원들로부터 아우성이 터져 나왔다.

"쓰카모토 씨가 그려준 그림을 모두에게 보여줬지. 그랬더니 모두 놀랐어. '우와, 생생하다.'라든가, '좀 잔인한 것은 추도비로서 적합하지 않다.'라고까지 말하기 시작했어. 나는 곤란했어."

쓰카모토 고사쿠(塚本浩策) 씨가 그린 '추도비' 원도

예상 밖의 강한 반발에 노다 씨는 당황했다. "쓰카모토 씨와 그의 동료들은 미술 전문가니까 추도비의 취지에 맞춰 자유롭게 창작했으면 좋겠다."라고 노다 씨는 생각하고 있었다. 게다가 노다 씨는 쓰카모토 씨와 동료들이 추도비 제작을 준비하며 고생하는 모습을 항상 보고 듣고 있었다.

"나는 쓰카모토 씨에게 일을 맡긴 입장이기 때문에, 그가 그 나름대로 고생하며 만드는 걸 아니까 너무 세세한 것까지 말하고 싶지 않았어. 예를 들면, 디자인을 생각할 때도 쓰카모토 씨는 고생했거든. 군상 중앙에 있는 한복 차림의 여성상을 디자인할 때도 그랬어. 평소 한복을 볼 수 없으므로 디테일이 어떤 식으로 되어 있는지 알 수 없었어. 그래서 마이즈루 조선 초중급학교에 가서 여선생님께 모델이 되어달라고 부탁했어. 이런 식으로 제작을 맡아준 쓰카모토 씨의 고생을 가까이서 보고 있던 만큼, 고생해서 만든 원안이 실행 위원회에서 뒤집히면 쓰카모토 씨를 만날 면목이 없어질 것 같은 심경이었어. 그러나 모두 함께 만드는 추도비이므로 추도비의 형태에 대해서는 실행 위원회의 관계자들과 충분히 논의해 주었으면 하는 마음도 있었지."

노다 씨는 실행 위원회의 참가자들에게 물어보았다. "지금, 쓰카모토 씨의 원안이 추도비로 적합하지 않다는 의견도 있는데 여러분은 어떤 추도비를 생각하고 계신가요?" 실행 위원회는 잠시 침묵했지만, 곧 의견이 나왔다.

"검은 화강암에 '우키시마호 추도비(浮島丸追悼の碑)'라고 새기면 어떨까요?"

"커다란 직육면체 돌에 새기는 게 좋지 않을까요? 비

(碑)라는 것은 보통 그런 모양이 많다고 생각해요."

"저도 그런 전통적인 추도비가 좋을 것 같아요. 너무 생생한 비는 오히려 반발을 불러올 가능성이 있지 않을까요?"

• 추도비는 묘가 아니다

네모난 돌기둥에 '우키시마호 희생자 추도비(浮島丸殉難者追悼の碑)' 글자를 새긴다. 실행 위원회에서는 그런 의견이 많이 나왔다. 위원의 의견을 듣고 나서 노다 씨는 말했다. "제가 볼 때, 돌기둥에 글자를 새기는 것은 '무덤의 묘비'가 아닐까요? 무덤이란 본래 돌아가신 분들의 고향에 세우는 것이 아닐까요? 우리들이 만들려고 하는 것은 무덤이 아닙니다. 우키시마호 사건이라는 역사적 사실을 후세 사람들에게 전할 기념물을 만드는 것입니다. 어떤가요?"

커다란 목소리였다. 노다 씨에게 있어서 돌기둥에 글자만 새긴 것은 아무리 생각해도 무덤이었다. 그러나 역시 쓰카모토 씨의 원안은 너무 생생하다는 의견도 강했다. 어떤 추도비를 세울 것인지를 놓고 토론은 계속되었다.

이때의 실행 위원회를 되돌아보고 스나가 씨는 말한다. "나중에도 전에도 실행 위원회가 그렇게 떠들썩했던 것은 그때뿐이었지. 여러 가지 의견이 나오기는 했는데, 그때는 노다 씨가 단호히 우겨버렸어. '무덤은 고향에 세우는 거야. 마이즈루에 세우는 것은 역사를 전하는 기념물이야.'라고."

열심히 논의한 결과, '원안대로 하되, 표현은 부드럽게 한다.'라는 부대 의견이 붙어, 세부적인 것은 사무국에 일임했다.

한편 추도비의 디자인을 둘러싸고 이렇게 험난한 과정이 있었다는 것을 쓰카모토 씨와 그의 동료들은 몰랐다고 한다. 아무튼 그리하여 '추도비'의 제작은 시작되었다. 제작 장소는 쓰카모토 씨가 근무하는 와다 중학교 미술실이었다.

작업은 야간과 휴일에 진행되었다. 산에서 가까운 가건물 미술실이어서 겨울에는 춥고, 여름에는 각다귀에 시달렸다. 그래도 쓰카모토 씨의 인품과 호소 덕에 여러 사람들이 도우러 와 주었다. 아기를 안은 요에 미호코(余江美穂子) 씨는 한복 차림의 여성이 안은 아기를 만들었다. 미대생이었던 하시모토 에이지(橋本栄治) 씨는 더운 여름에 한 달 동안 도우러 다녔다. PTA* 코러스 참가자들도 연습 때

---

* Parent-Teacher Association. 각 학교에서 조직된 보호자와 교직원 (아동은 포함되지 않음)에 의한 사회교육 관련 단체. -역자주

'추도비' 제작에 진력한 쓰카모토 씨는 완성한 몇 년 뒤, 병으로 불귀의 객이 되었다.
학생들에게 '아파치'라는 별명으로 친숙했으며, 필자의 중학교 은사이기도 했다.

제2부 우키시마호 사건 추도 활동의 경과

마다 미술실에 들러 완성을 지켜봐 주었다.

미술실에서 마지막 작업을 할 때, 작업에 참여한 사람들의 이름이 작은 판에 새겨져 비석 뒤편에 묻혔다. 거기에는 팀장인 쓰카모토 씨를 비롯하여, 요에(余江) 씨 부부, 모리모토(森本) 씨, 쓰노(角) 씨, 그리고 와다 중학교 직원인 후치모토(渕本) 씨, 무라타(村田) 씨 등 28명의 이름이 새겨져 있다. 구상으로부터 3년, 제작에 2년, 드디어 '추도비(追悼の碑)'가 완성되었다.

1978년(쇼와 53년) 8월 24일. 이날은 기다리고 기다리던 제막식. 이날에 맞춰 추도비가 서 있는 땅은 '우키시마호 희생자 추도 공원'으로 깨끗하게 정비되었다. '이제부터는 계속 이곳에서 추도 집회가 열리겠군.' 그렇게 생각하니 스나가 씨와 노다 씨의 가슴은 기쁨으로 벅차올랐다.

오전 11시, 추도 집회 겸 제막식이 시작되었다. '추도비'를 덮고 있던 흰 천이 스르르 벗겨졌다. 참석한 사람들로부터 환성이 터졌다. 중앙에 선 한복 차림의 여인이 푸르고 조용한 마이즈루만을 똑바로 바라보고 있었다.

2. 우키시마호 사건 희생자 추도비를 만들자

3. 근본적인 질문
– 왜 우리는 추도하고 계승하는 것인가?

• 8월 24일의 추도 집회

1978년에 추도비가 완성되고 나서 스나가 씨와 노다 씨 두 사람은 틈만 나면 추도 공원의 잡초를 뽑으러 나갔다. 노다 씨는 "추도 공원에 잡초가 무성하면 참배하러 오신 분들과 협력해 주신 분들께 면목이 없지."라고 입버릇처럼 말했다. 매년 대형 연휴 전인 4월의 청소, 8월 추도 집회 전의 청소는 '추도하는 모임(追悼する会)'의 행사이다. 그 외에도 두 사람은 종종 청소하러 갔었다.

"그래도 정말 기뻤어." 스나가 씨는 이렇게 말했다. "추도비가 드디어 완성되고, 교토부와 마이즈루시도 공원 조성에 협력해 줘서, 이제부터는 가장 좋은 장소에서 추도 집회를 할 수 있겠구나라고 생각하니, 정말로 기뻤어."

잡초 뽑기를 하고 있어도 추억담거리가 있어 힘들지 않다. 여름의 더운 날, 기금 부탁을 위해 냉방이 되지 않는 경차를 타고 마이즈루의 여기저기를 돌아다녔던 일. 추도비 제작은 진전되어 가지만, 기금이 모이지 않아 "적어도 필요한 점토비만이라도…"라며 초조하게 모금을 부탁하러 다녔던 일. 그 시절의 추억을 이야기하는 두 사람은 언제나 즐거워 보였다.

'우키시마호 희생자 추도 집회'는 매년 8월 24일 오전 11시부터 개최한다. 사전 준비는 스나가 씨와 노다 씨 두 사람이 중심이 되어 진행해 왔다. 스나가 씨는 시청, 노다 씨는 중학교에 근무하고 있었으므로 분주한 생활이다. 그 무렵의 모습을 스나가 씨가 말해 주었다.

"노다 씨도 나도 업무나 조합이나, 이런 저런 일로 정말 바쁜 나날을 보내고 있었어. 그러나 매년 여름이 다가오면 우키시마호 사건이나 그 전쟁이 생각나, 무엇인가에 쫓기듯 '슬슬 올해도 준비를 해야지.' 하면서 준비에 임하고는 했지."

7월에 들어 추도 집회가 다가오면 스나가 씨는 준비를 시작한다. 안내장을 만들어 관계자에게 배부, 후원 신청서 작성, 추도 집회에서 배포할 자료 작성, 추도비 앞에 올릴 꽃 주문, 당일에 사용할 텐트와 의자 등의 차용 부탁, 현지 지자체나 근처 파출소에 문안 인사, 당일 회의 준비를 도와줄 사람에게 연락이나 부탁 등. 1시간 남짓한 집회이지만, 여러 가지 세세한 준비가 필요하다.

특히 더운 여름철에 준비하다 보니 체력도 많이 쓴다. 안내장 배포의 경우, 스나가 씨는 자동차를 타지 않기 때문에 항상 자전거로 이동한다. 커다란 몸에서 땀을 질질 흘리며 안내장을 배부하고 돌아다닌다. "운동 부족을 해소해야 하니까 몸에는 좋아."라고 하면서 자전거를 타는 모습을 마이즈루 시내에서 여러 번 보았다. 여름이 다가오면 둘이서 같이 돌아다닐 때가 많아진다. "우키시마호의 용무입니까?"라고 거리의 사람들도 자주 말했다고 한다.

8월 24일, 추도 집회의 아침은 분주하게 준비가 시작된다. 오전 8시 전, 와카우라(若浦) 중학교 체육관 앞에 커다란 트럭이 도착한다. 추도 집회에 사용할 텐트와 파이프 의자를 학교에서 빌려, 추도 공원까지 운반하기 위해서다.

집합 시간인 8시가 되면 10명 이상의 봉사자가 온다. 마이즈루시 교직원 조합, 신일본부인회 마이즈루 지부, 전항만 노동조합, 전일본 연금자 조합 마이즈루 지부, 마이즈루시 직원노동조합, 전교토 건축노동조합 마이즈루 지부 사람들이다. 도와주러 오는 사람은 학교 선생님들이 많다. 뭐니 뭐니 해도 추도 활동은 교육 문제로부터 시작되었다. 그리고 추도비를 만든 것도 선생님들이었다. 그런

추도 집회에서 인사를 하는 노다 씨 (2002년 8월 24일)

까닭에 교직원 조합의 선생님들이 무슨 일이 있을 때마다 협력해 준다.

모두가 모이면 먼저 체육관에서 파이프 의자를 반출한다. 무거운 텐트는 운동장 창고에서 운반한다. 8월 말이라

3. 근본적인 질문 - 왜 우리는 추도하고 계승하는 것인가?

고 해도 늦더위가 기승을 부릴 때이다. 조금만 움직여도 모두가 땀으로 흠뻑 젖는다. 텐트와 의자를 다 실으면 바로 추도 공원으로 향한다.

9시, 추도 공원에 도착. 이른 아침인데도 벌써 무덥다. 해마다 날씨가 좋지만 무더위에는 질려버린다. 추도 공원 앞에는 마이즈루만이 펼쳐진다. 오른쪽에 자지마(蛇島), 왼쪽에 가라스지마(烏島)가 자그마하게 두둥실 떠 있다. 언제 바라보아도 잔잔한 바다다.

행사장 만들기의 첫걸음은 텐트 설치. 목소리가 큰 나카데(中出) 씨의 지시를 받으며 다 같이 텐트를 세운다. 프로 목수인 나카데 씨는 준비가 잘 되어 있어 척척 진행해 간다. 그다음 순서는 의자 정렬이다.

추도비의 정면에 긴 테이블을 놓고 흰 천을 덮는다. 비의 좌우에 올리는 생화를 40송이 정도 늘어놓는다. 준비가 다 되는 것은 10시가 지나서이다. 개회식까지 1시간도 안 남았다. 30분 전이 되면 참석자들이 모여들어 행사장은 순식간에 떠들썩하고 분주해진다. 근처의 지토세(千歲) 파출소의 경찰관이 교통정리를 해 준다. 경찰관 도움을 받으면 사고 걱정을 하지 않아도 되기 때문에 안심이다.

11시, 추도 집회는 1분간의 묵념으로 시작된다. 다음은 주최자 대표의 인사, 내빈 인사로 이어진다. 교토부, 마이즈루시의 헌화. 그리고 마지막으로 참석자 전원이 마이즈루만에 헌화하고 집회는 끝난다. 정리가 끝나는 것은 언제나 2시쯤. 무더위 속에서 작업이 계속되므로 정리가 끝나자 피로가 한꺼번에 몰려오지만, 무사히 끝났다는 안도감은 크다. 또 내년이다.

• 우키시마호 사건 희생자 '명부'와 마주치다

1985년 8월 2일 아침의 일이었다. 스나가 씨의 자택 전화가 울렸다. "스나가 씨, 오늘 아침 교토 신문 읽었어? 교토 전쟁전(戰爭展)의 소개 기사에, 스나가 씨와 '추도하는 모임' 사람들이 계속 활동하고 있는 우키시마호 사건 관련 코너가 있다고 하던데. 그 전시 안에, 죽은 사람의 명단이 전시되어 있는 것 같아."라는 친구의 전화였다. "바로 근처의 판매점에서 교토 신문을 사 왔더니, 「우키시마호 코너 특설. '교토 전쟁전(京の戰爭展)' 오늘 개막」이라고 커다란 표제가 나와 있더군. 기사에 '전시되는 것은 사고 후에 일본 측이 작성한 우키시마호 사망자 명부…'라고 소개되어 있었어."라고 스나가 씨가 말했다.

스나가 씨는 기분이 이상했다. 언제나 이름도 모르는 한국, 조선인의 추도 집회를 열고 있다. 그러나 희생된 개개인에게는 당연히 고향도 있고 이름도 있다. 그 궁금했던 우키시마호 희생자 명단이 교토에 전시되고 있다는 것이다.

'평화를 위한 교토 전쟁전(平和のための京都の戦争展)'은 매년 교토 시내에서 열리고 있다. 1985년 8월 2일부터 10일까지의 예정으로 교토시 간교칸(京都市勧業館)*이 전시 장소였다. 주최는 '평화를 위한 교토 전쟁전 실행 위원회'이고, 후원은 교토신문사 등이다.

이 해는 태평양 전쟁이 끝난 지 40년이 되는 전기의 해였다. 교토 신문에서는 「40년째의 바다—우키시마호 폭침」이라는 기사를 15일간에 걸쳐 연재하고 있었다. 이 기사가 실린 후 우키시마호 사망자 명부가 제공되어서, 서둘러 「우키시마호 사건 특설 코너」를 마련했다고 한다.

신문을 읽은 스나가 씨는 바로 주최자에게 전화를 걸었다. 마이즈루에서 추도 활동을 계속하고 있는 것 등을 설명하고 명부에 대해 이것저것 물었더니, 자세한 것은 명부 제공자에게 물어보라며 연락처를 알려 주었다.

---

*   교토부 교토시 사쿄쿠(京都府 京都市 左京区)에 있는 이벤트 회의장이다. 통칭 미야코멧세. 1996년에 세워진 가와사키 기요시(川崎清)의 설계로 헤이안(平安) 건도 1,200년 기념사업의 하나로 건설되었다. -역자주

그로부터 얼마 후, 스나가 씨는 명부 제공자를 만나기 위해 교토시 히가시야마구(東山区)의 만주지(万寿寺)를 방문했다. 그리고 윤일산(尹一山) 스님을 만난다. 윤일산 스님은 1945년 종전 직후부터 재일 조선인 구원, 전쟁 희생자의 공양과 추도를 계속해 온 분이었다. 스나가 씨는 마이즈루에서 우키시마호 사건의 희생자 추도를 계속하고 있는 것과 추도비를 시민 모두의 협력으로 만든 것 등을 이야기했다. 그리고 명부를 보고 싶다고 부탁했다.

그 명부는 등사판 인쇄였다. 갈색으로 변색된 표지에는 『우키시마호 사망자 명부(浮島丸死没者名簿)』라는 글자가 파란 잉크로 인쇄되어 있다. 모두 손 글씨이다. B4판 갱지 10장에 인쇄하여 두 번 접어서 끈으로 철해져 있었다. 1페이지에는 「부탁과 호소(お願いと訴え)」라고 되어 있으며, 이 사망자 명부가 인쇄된 이유가 적혀 있었다.

이 우키시마호 사건이 일어난 지 이미 10년이나 지난 오늘, 일본 정부는 오로지 사건을 숨기기에 급급해 사망자 명단 공개를 아직까지 머무적거리고, 선체를 끌어올리기 위해 다이너마이트를 써서 유골을 바닷속에 내던지기까지 하고 있습니다. 이 정부의 비인도적인 태도에 교토를 중심으로 한 동포와 각 민주 단체는 격분하여, 유골의 조사와 안치, 그들의 영

3. 근본적인 질문 - 왜 우리는 추도하고 계승하는 것인가?

령을 높이 받드는 운동에 전력을 다하고 있습니다. 이런 와중에 우선 524위의 사망자 명단을 발견했습니다. 명부에 지인, 친척이 있으면 그들에게 알려주시고, 동시에 유골의 안치와 모시는[奉持] 운동에 협력을 바랍니다.

- 1954년 8월 조선해방구원회 도쿄도본부

(朝鮮解放救援会東京都本部)

우키시마호의 선체는 1954년 1월에 인양되었고, 교토저명인의 호소로 그해 4월부터 위령제가 열리게 되었다. 명부는 그 직후인 8월에 사건 관계자를 찾기 위해 인쇄된 것 같다. 절의 조용한 방에서 윤 스님의 설명을 들으며 스나가 씨는 지그시 명부를 바라보았다. 손에 쥔 명단은 글자가 희미해져 읽기 어려운 부분도 있었다. 그러나 손으로 쓴 이름 하나하나를 보고 있노라면, 스나가 씨는 뭔가 호소하는 듯한 느낌을 받았다. 또한 궁금증도 생겼다. 등사판 인쇄본이 있다는 원본이 따로 있다는 것이다. 스나가 씨는 '역시 나라가 우키시마호 희생자 명단을 보관하고 있구나.'라고 실감했다.

• 『우키시마호 사건 기록』의 간행

스나가 씨는 윤 스님으로부터 『우키시마호 사망자 명부』를 받았다. 마이즈루로 돌아와서 즉시 노다 씨와 추도 활동을 함께 계속하고 있는 와다 도키치(和田藤吉) 씨, 우메가키 쇼지(梅垣正二) 씨 등 4~5명의 멤버가 모였다.

"일단 명부는 받았지만, 앞으로 이것을 어떻게 쓸 수 있을까 모두 함께 의논했어. 명단을 보니 여러 가지 이야기가 나왔지. 오랜 세월 활동하다 보니 나를 포함해서 모두 고령화되고 있으니까, 앞으로는 어떻게 우키시마호 사건을 젊은이들에게 계승해 나가야 할까라는 이야기로 이어졌지.

이전부터 신경이 쓰였던 일이지만, 추도 집회를 도와주는 젊은 사람들이 전쟁의 참모습이나 일본의 식민지 정책에 대하여 거의 알지 못한다고 느끼고 있었어. 창씨개명과 조선인에 대한 일본어 강제 등 상식이라 생각되는 것도 잘 모르더군. 그러니까 추도 집회를 열어가는 것과 동시에 우키시마호 사건이나 그 배경으로서 일본의 식민지 지배도 전해나가지 않으면 안 된다는 이야기가 중심이 되있어."

멤버 중의 한 명이 "돌아가신 분의 명단을 빌려서 우리가 보는 것만으로는, 뭔가 미안한 생각이 드네. 이 명단에 있는 한 사람 한 사람의 이름만이라도 활자화한다면, 돌아가신 분들의 기분도 조금은 위로받을 수 있지 않을까."라고 제안했으므로, 이야기는 명부의 활자화 방향으로 흘러갔다. 우키시마호 사건 후 40년, 추도비를 만든 지도 10년 정도 지났다. 그동안의 자료와 사망자 명부를 한 권의 책으로 묶어 보급해 나가자고 이야기는 정리되었다.

그 뒤는 스나가 씨와 노다 씨의 일이었다. 두 사람은 가지고 있는 자료를 조금씩 정리해 보았다. 20년도 더 전에 열린 추도 집회의 사진, 집회 참가를 호소하는 광고지, 오래된 신문 기사, 1978년에 추도비를 만들었을 때의 보고서 등 여러 가지의 것들이 있었다. 두 사람으로 인해 가슴이 죄어들 정도로 그리운 것들뿐이었다. 사진 한 장에도 여러 가지 추억이 있다.

"이때 노다 씨는 교장이어서 바빴지. 게다가 근무지가 마이즈루에서 2시간 정도 떨어진 단고(丹後) 반도였으니까, 여기에 돌아오는 것만으로도 꽤 큰일이었어."

"아, 그 당시엔 스나가 씨야말로 고생이 많았지. 나도 참 여러 가지로 의지하고 폐를 끼쳤어. 하지만 그 말대로 나 역시 학교니, 테니스니 이래저래 무리를 하고 있었는지도 몰라. 한번은 마이즈루 쪽으로 차를 운전하고 있을 때, 갑자기 코피가 터져 나오지 뭐야. 그렇지만 나는 내가 코피를 흘리고 있는 줄도 몰랐어. 마이즈루 교직원 조합 사무실에 가니, 사무실에 있던 선생님들이 '노다 선생, 커터 셔츠

(cutter shirt)가 피로 빨갛게 물들었어!'라고 놀라더라."

"정말이지 둘 다 정신없이 바쁠 때였지."

자료 하나하나에 추억담이 끝이 없다. 이렇게 모인 자료는 귤 상자 2개 분량 정도 되었다.

노　　다 : 글쎄, 이걸 어떻게 정리할까?

스나가 : 타자기로 치거나 인쇄하는 것만으로도 상당한 분량의 자료가 되겠군.

노　　다 : 게다가 자료만 왕창 묶어 한 권으로 만들어 놓으면, 아무도 읽을 마음이 생기지 않을 거야.

스나가 : 그렇지. 누군가 읽어주지 않는다면, 무엇 때문에 만드는지가 요지부터 헷갈려.

노　　다 : 역시, 해설이라고 할까, 약간의 설명이 필요하겠네.

스나가 : 우키시마호 사건 자료를 오래된 순서로 나열해 놓고, 그 사이에 설명을 붙이고, 마지막에 사망자 명단을 붙이면 어떨까?

노　　다 : 그거 좋네, 역시 스나가 씨야! 그 설명은 스나가 씨가 써주나?

스나가 : 나야 작가가 아니고, 그렇게 잘 쓰지는 못해. 쓴다면 모두 같이 써야지.

이것저것 상의한 결과, 교토 시내의 가모가와출판에 부탁하여 자비 출판을 하기로 했다. 경비가 걱정이었지만, 그보다는 두 사람이 건강할 때 우키시마호 사건을 깔끔하게 마무리하고 싶은 마음이 더 강했다고 한다.

그 뒤의 작업은 힘들었다. 원고를 써서 보냈다고 생각하자 금방 수정이 가해져 되돌아 왔다. 게재용 사진을 찾아 빌리러 간다거나, 모두 처음 하는 일뿐이라 우왕좌왕하기 일쑤였다. 그러나 지금까지의 추도회 활동이 한 권의 책으로 정리되는 것이다. 너무 기대되었다.

이리하여 1985년 여름, 『우키시마호 사건의 기록(浮島丸事件の記録)』은 탄생했다. "페이지를 넘겨보면 분명 우리들이 쓴 익숙한 문서였지만, 잘 쓰여졌을까라는 걱정과 설렘으로 가슴이 두근거렸어. 그래도 완성되었을 때에는 정말 기뻤지."라고 스나가 씨는 회상했다. 이 책은 최초로 1,000부를 인쇄하고, 그 뒤 증쇄를 거듭하여 현재 2,500부가 팔렸다.

• 너무나도 알려지지 않은 우키시마호 사건

1989년 1월, 쇼와(昭和) 천황이 긴 투병 생활을 끝내고 사망했다. 연호가 헤이세이(平成)로 바뀌었다. 그해의 추도 집회를 앞두고 스나가 씨는 아사히신문 교토 지국의 기타무라 기자로부터 '쓴소리'를 듣고 있었다. 우키시마호 사건 때문에 가끔 스나가 씨에게 취재하러 온 열성적인 기자였다.

"스나가 씨에게는 미안하지만, 저는 우키시마호 사건 같은 건 들어본 적도 없었습니다. 교토로 이동하게 되어 신문 스크랩을 읽거나, 스나가 씨 등에게 이야기를 듣게 되어 처음으로 우키시마호 사건을 알게 되었습니다. 역사는 좋아합니다. 그런데 스나가 씨. 저는 교토에 와서 정말 처음 알았어요. 그래서 역사 연표나 역사 사전에도 게재되어 있는지를 교토 현립 종합 자료관을 통해서 살펴보았습니다. 그러나 우키시마호 사건에 대해 언급한 것은 『헤이본샤 대백과사전(平凡社 大百科事典)』(전16권) 한 권뿐이었습니다.

역사 연표로서는 이와나미서점(岩波書店)의 『근대 일본 총합 연표(近代日本總合年表)』(제2판)에도, 무로도호(室戶丸), 도야호(洞爺丸), 시운호(紫雲丸) 조난은 있어도, 우키시마호 사건은 실려 있지 않습니다."

"그래?"라고 스나가 씨가 말했다.

"마이즈루에는 우키시마호 사건을 알고 있는 사람이 많을지도 모르지만, 전국적으로는 거의 알려져 있지 않다고 생각합니다."

오랜 세월 추도 집회를 열어 온 스나가 씨에게는 가까운 우키시마호 사건인 만큼 뜻밖의 사실이었다. 당시의 신문 기사를 국회도서관에서 조사해 보면 확실히 우키시마호에 대한 언급은 적다. 8월의 추도 집회도 신문의 교토도 북부판(京都府北部版)에서는 소개되지만, 교토 시내판이나 남부판에서는 기사가 나지 않았다. 이래서는 마이즈루시 외의 사람들은 우키시마호 사건을 알 기회가 없다. 상당한 아이디어 맨이었던 기타무라 기자는 스나가 씨에게 다음과 같은 제안을 했다.

"스나가 씨, 올해 1월에 천황이 사망하고 어쨌든 쇼와라는 시대가 끝난 것이기 때문에, 아마 어느 출판사에선가 '쇼와 특집'이라든가 '쇼와의 역사' 등의 형태로 쇼와를 정리하는 기획이 나오지 않을까요? 그렇다면 이번 기회에 우키시마호 사건을 다루도록 출판사에 의뢰하면 어떨까요? 종전 직후의 혼란기였다고는 하지만, 수백 명의 사람들이 사망한 대사건입니다. 하지만 도쿄의 출판사는 그것을 전혀 모릅니다. 그러므로 역사의 공백을 메운다는 의미에서도 마이즈루에서 정보를 제공하는 것은 중요한 일입니다.

게다가 스나가 씨와 노다 씨처럼 우키시마호 사건을 구전하는 사람이 있는 동안은 몰라도, 그런 사람이 없어진 후에 이 기억이 계속 잊히지 않고, 풍화하지 않을 거라고 기대하기는 어렵습니다. 그러나 책이라면 100년 뒤에도 남습니다. 아니, 전국 레벨의 출판사 사전이나 연표에 실을 수 있다면, 게다가 우키시마호 사건에는 아직 수수께끼도 많다고 여러 사람들에게 전할 수 있다면 진상 규명에도 도움이 되지 않을까요?"

스나가 씨는 "맞아!"라고 감탄했다.

"과연 전국을 돌아다니고 있는 신문 기자구나! 확실히 마이즈루에서 정보를 제공하는 것은 중요한 일이니까, 즉시 출판사에 의뢰서를 보내 보자."라며 실행에 옮겼다. 우키시마호 사건과 추도 활동을 소개하는 의뢰서를 만들어 80개 정도의 출판사에 보냈다. "정말로 답장이 올까? 어떤 반응이 올지 기대했어."라고 스나가 씨는 말했다. 잠시 후, 몇몇 출판사로부터 답장이 왔다.

삼가 성하지절(盛夏之節)에 건승을 경하드립니다. 본론으로 들어가, 우키시마호의 일은 큰 사건임에도 불구하고 당시의 신문에 보도되지 않았습니다. 전후의 혼란기였다고는 해도 이 정도로 큰 사건이 보도되지 않았다는 것은 어떤 사정이 있었던 것이 아닐까 생각합니다. 이러한 상황에서 귀회가 추도비를 건립하고 기록을 출판하며, 매년 추도 집회를 개최하고 있는 데 대해 경의를 표합니다.

귀회의 요청에 대해서는 저희들도 충분히 배려해 나가려고 생각하고 있습니다. 아시겠지만 백과사전,

3. 근본적인 질문 - 왜 우리는 추도하고 계승하는 것인가?

사전, 역사 연표 등을 편집할 때에는 우선 적당한 학자 전문가에게 편집위원장을 위촉하고, 항목 선정 작업에 들어갑니다. 방대한 항목 수 중에서 기획 의도나 규모에 따라 항목을 선택하는 것이기 때문에 자연히 한도는 있지만, 이 사건에 대해서도 검토 항목에 추가하도록 하겠습니다. 간단하지만, 이것으로 답장을 갈음합니다. 끝으로 귀회의 한층 더 높은 활약을 기원합니다.

- 쇼가쿠칸(小学館)으로부터의 회신

결국 이와 같은 회신이 12개사로부터 도착했다. 회신해 준 출판사는 모두 호의적이었다. 답장을 읽으며 "이런 대처도 중요하구나."라고 스나가 씨는 재차 느꼈다.

1992년 3월 6일 자 아사히 신문을 살펴보면 「우키시마호 사건이 연표, 사전에 신게재 마이즈루 추도위원회 요청 결실(浮島丸事件が年表, 事典に新掲載 舞鶴の追悼実行委員会実る)」이라는 기사가 크게 게재되어 있다. 기사에 의하면 '추도회'의 요청을 받아 이와나미서점(岩波書店)에서는 91년 여름에 개정된 『근대일본총합연표(近代日本総合年表)』(제3판)에 처음으로 우키시마호 사건을 게재했다. 지쿠마쇼보(筑摩書房)에서도 게재했다고 한다. 정중한 회답을 보내왔던 쇼가쿠칸(小学館)의 『일본역사대사전』에도 '우키시마호 사건'이 등재되었다.

• 추도 활동의 전환점

1990년 태평양 전쟁이 끝난 지 45년, 이 시기 전국의 전몰자 위령 집회는 전환점을 맞고 있었다. 주최자도 참가자도 고령화되어, 모임의 개최나 참가는 고사하고 운영 그 자체가 어려워지고 있었다. 불교에서 말하는 50회기를 끝으로 일단락 짓는 위령식도 있었다.

우키시마호 사건 추도 집회도 비슷한 과제에 직면해 있었다. 추도 집회 준비의 중심을 맡고 있는 스나가 씨와 노다 씨 두 사람도 환갑을 넘고 있었다. 젊었을 때에 비하면 체력도 떨어진다. 추도 집회의 참가자도 서서히 줄어들고 있다. 1978년에 추도비를 세웠을 때의 참가자는 100명, 1982년에 80명, 1984년에 40명, 그리고 1985년의 40주년 추도 집회에서는 130명이었지만, 이듬해인 1986년에는 50명으로 참가자가 크게 줄었다. 이대로라면 언젠가 추도 집회의 명맥이 끊어질 것이 확실했다.

"이제 슬슬 한계네. 그렇지만 적어도 50주기까지는 힘내보자. 어디까지 할 수 있을지 모르지만, 언제 그만둘지는 우리들이 결정하는 것이 아니야. 있는 힘을 다해 더 이상 할 수 없다고 할 때까지 둘이서 힘내자."라는 대화를 노다 씨와 나누곤 했다고, 스나가 씨는 솔직하게 말했다.

사무국의 스태프라고 해도 중심은 스나가 씨와 노다 씨

두 사람. 추도 활동도 전환점에 접어들고 있었던 것이다. 두 사람은 또 한 가지 마음에 걸리는 것이 있었다. "1964년부터 추도 활동을 시작해 매년 8월에 추도 집회를 열고 있는데, 우리 일본인들은 우키시마호 사건으로부터 무엇을 배웠으며 무엇을 다음 세대로 계승해 나가야 좋은가? 그 점이 아직 명확하게 드러나지 않았는데, 50년이 지났다고 해서 그만두는 게 맞나 하는 생각도 들더라.

확실히 우키시마호 사건을 언제까지나 이야기해 나가기 위해서 시민의 협력으로 훌륭한 비가 만들어졌어. 이제 두 번 다시 이런 슬픈 사건은 되풀이하고 싶지 않다는 생각도 강했고. 하지만 우키시마호에서 무엇을 배우고, 전쟁 체험이 없는 젊은이들에게 역사의 경험으로서 무엇을 전해 가면 좋은 것일까. 그것을 제대로 정리하지 않은 채 추도 집회를 계속하고 있지 않은가. 그래서는 안 되잖아? 젊은이들에게 전해야 할 바를 명확히 하지 않으면 계승할 수 없다. 그런 생각도 들고, 힘든 시기였지."

우키시마호 사건은 아직 해명되지 않은 것이 많은 미해결 사건이다. 이것은 누구보다도 스나가 씨와 노다 씨가 실감하고 있던 것이다. 고작 50년의 추도로 단락 지을 수 있는 우키시마호 사건이 아니다. 하지만 스태프는 늘 그대로고, 추도 집회 참가자도 적어진다. 두 사람에게 힘든 시기였다.

4. 우키시마호 사건을 이야기로 전하다

(1) 영화 <아시안·블루 - 우키시마호 사건>

• 갑작스러운 방문

"우키시마호 사건의 영화화를 검토하고 있으니까 이야기를 들려주었으면 합니다."

1992년 2월, 이런 이야기가 스나가 씨와 노다 씨에게 날아들었다. 교토 시내에서 온 것은 '헤이안(平安) 건도(建都) 1,200년 영화를 만드는 모임'(이하 '영화를 만드는 모임') 사무국의 고바야시 칸(小林完) 씨 등 젊은이 4, 5명과 영화 프로듀서 이토 마사아키(伊藤正昭) 씨였다.

간무천황(桓武天皇)이 도읍을 교토로 정한 것은 794년, 교토시에서는 1994년의 건도 1,200년을 축하하는 행사가 준비되어 있었다. 그러나 그 대부분은 행정 주도의 행사였다. '영화를 만드는 모임'은 '교토는 일본의 영화 발상지니까, 시민의 힘만으로 영화를 만들어 보자.'라는 뜻에서 계획된 시민 단체다. 시민운동이 활발한 교토다운 활동이다. 시민이 영화 주제를 정하고 제작비까지 모으는 기획이다.

그 테마 결정의 최종 단계에서, 우키시마호 사건도 후보에 올라 있었다. 우키시마호 사건의 영화화를 제안한 것은 이토 씨였지만, 사무국의 젊은 멤버는 사건을 전혀 모른다. 그래서 이토 씨는 스나가 씨의 이야기를 사무국의 고바야시 씨 등에게 들려주려고 마이즈루에 왔다. 스나가 씨는 고바야시 씨들에게 우키시마호 사건의 경과와 매년 추도 집회를 열고 있는 것, 시민의 손으로 추도비를 만든 것 등을 설명했다.

고바야시 씨는 이때의 인상을 잘 기억하고 있다.

"마이즈루에 간 것은 추운 날이었고, 스나가 씨 집에는 스토브가 켜져 있었습니다. 방을 따뜻하게 하고 기다려 주었습니다. 추도회 모임 분들로부터 우키시마호 사건이나 추도 집회의 이야기를 들었습니다만, 제게는 처음 듣는 내용뿐이었던 것으로 기억합니다. 같은 교토 근처에서 우키시마호 사건과 같은 일이 있었다는 것만으로도 놀랐지만, 마이즈루의 여러분이 오랜 세월에 걸쳐 대단한 노력을 하고 있다는 것에도 놀랐습니다. 하지만 '그렇게 대단한 일을 하고 있는 것은 아니에요.', '그저 오래 계속하고 있을 뿐입니다.'라고 이야기하기 때문에, 마이즈루 사람들은 겸손하게 이야기 하는 사람들이구나 생각했습니다."

고바야시 씨들을 데려온 이토 마사아키 씨는 '영화를 만드는 모임'의 요청을 받아 영화 만드는 것을 돕기 위해 1991년부터 관여하고 있다. 1932년생으로, 교토부 이네쵸(伊根町) 출신이다. 패전한 해에는 이네(伊根) 공습도 경험해, 가죽 구두를 신은 채 절단된 발목을 목격하기도 했다. 청년 시절에는 배를 탔기 때문에 마이즈루만도 자주 항행했고, 가라앉아 있는 우키시마호를 종종 볼 수 있었다.

영화의 세계로 들어가서 이토 씨는 평화와 반전(反戰)의 염원을 담은 작품을 매년 제작해 왔다. 태평양 전쟁 말기의 도쿄 대공습을 그린 인형극 영화 <고양이는 살아 있다(猫は生きている)>, 오키나와의 소개(疏開) * 아동을 태운 배의 격침을 그린 애니메이션 영화 <쓰시마호(対馬丸)> 등의 작품은 유명하다. 동시에 1930년에 제작된 반전 실루엣 애니메이션 <굴뚝집 페로(煙突屋ペロー)>를 반세기만에 복원하는 꾸준한 작업도 이토 씨의 몫이다.

이토 씨는 이러한 작품들을 넘어, 일본이 침략하여 식민지로 삼은 아시아 사람들의 시점(視點)에 입각한 영화 작품 역시 필요하지 않을까라고 생각하고 있었다. 아시아에

* 공습·화재 등의 피해를 덜기 위해 한 곳에 집중되어 있는 주민·시설 등을 분산시키는 것. 또는 이렇게 분산된 주민. -역자주

대한 가해 사실을 알고, 그 반성에 근거하지 않으면 아시아 사람들과의 신뢰 관계는 쌓을 수 없는 게 아닐까라는 고민이 한창이었던 것이다. 내가 할 수 있는 일은 무엇인가. 나는 영화인으로서 무엇을 해야 하는가. 이토 씨가 낸 답 중 하나가 '우키시마호 사건'의 영화화 구상이었다. 그것을 실현하기 위해 간사이(関西)의 영화 관계자와 함께 마이즈루에서의 현지 조사를 실시하여 영화화의 실현 가능성을 검토하고 있었다. '영화를 만드는 모임'에 낸 제안도 그중 하나였다.

고바야시 씨 일행이 마이즈루를 방문한 이듬해인 1993년 3월 23일, 영화의 테마는 '우키시마호 사건'으로 결정되었다. '영화를 만드는 모임'의 이마무라 마사하루(今村正治) 사무국장은 우키시마호 사건으로 주제가 결정되었을 때의 모습을 『네트워크 교토(ネットワーク京都)』(1994년 9월호)에 기고했다.

모임 차원에서 시나리오나 아이디어를 공모하여 접수된 69점을 심사. 그중 초등학교 통폐합 문제를 소재로 교토의 변용과 재생을 주제로 삼은 것과, 이토 프로듀서가 제안한 '우키시마호 사건'을 다루기로 결정했다. <중략(中略)> 이 영화는 헤이안 천도 1,200년부터 전후 50년까지 역사의 큰 단락을 흘러간다. 이 시기에 만드는 영화에 대한 질문은 교토를 어떻게 그릴 것인가가 아니라, 아시아까지 시야를 넓혀 21세기를 향해 평화와 우호를 노래하는 영화를 만드는 것이 아닐까?

• 영화 <우키시마호> 제작 협력 마이즈루의 모임

1993년 8월의 추도 집회에는 '영화를 만드는 모임'의 관계자도 참가했다. 우키시마호 사건의 영화화를 조금은 실감한 추도 집회였다. 그렇다 하더라도 아직 이상한 기분이었다고 스나가 씨가 말했다.

"'추도 집회를 하는 것도 이제 슬슬 한계야. 그래도, 적어도 50주년까지는 힘내보자.' 노다 씨와 함께 이런 말들로 서로 격려하고 있을 때 영화화 이야기가 날아들었어. 마이즈루에서 영화를 제작하는 일은 드물기 때문에 설렘과 기대감도 있었지만, 우키시마호 사건처럼 어둡고 무거운 주제가 정말 모두가 볼 수 있는 영화가 될 수 있을까 하는 것이 솔직한 심정이었어. '젊은 사람들도 볼 수 있도록 로맨스 영화로 만들겠습니다.'라는 이야기도 들었지만, 우키시마호 사건과 로맨스 영화가 아무래도 잘 결부되지 않더군."

영화 제작 협력, 상영 운동을 담당한 아다치 에이지 씨(왼쪽)와 스나가 씨(오른쪽)

　　1993년 10월, '영화를 만드는 모임' 사무국의 고바야시
씨 일행이 마이즈루를 다시 방문해 정식으로 협력 요청을
해왔다. "우키시마호 사건을 소재로 한 영화를 시민의 손
으로 만들어 21세기에 평화의 메시지를 보내고 싶습니다.
오랜 세월 추도 활동을 계속하고 계신 마이즈루 여러분들의 협조를 꼭 부탁드립니다."

오랜만의 재회였지만, 전화나 편지를 자주 주고받았기 때문에 이미 마음을 터놓고 있었다. 추도 실행 위원회에 요청된 협조 내용은 촬영팀 인수와 숙소 준비, 엑스트라 확보와 픽업, 마이즈루에서의 촬영 준비, 그리고 영화 완성 후에는 상영 준비와 티켓 판매 등이다.

정식으로 협력을 요구받고 나니, 스나가 씨와 노다 씨는 약간의 당황스러움을 느꼈다. 확실히 추도 실행 위원회 차원에서 매년 추도 집회를 열어 왔다. 그러나 추도 실행 위원회라고 해도 적은 인원으로 준비를 하고 있는 것이 실정이다. 게다가 실행 위원회 멤버도 참가자도 늙어가고 있다. 스나가 씨도 이제 곧 70세였다.

동시에 추도 실행위원회는 말 그대로 '추도'를 위한 조직이므로, 영화 제작에 협력하기 위해서는 이를 위한 조직을 새로 만들 필요가 있었다. 특히, 이미 일정이 잡힌 마이즈루 촬영이나 상영회 준비를 위해서는 일정의 자금과 인력이 필요하다. 스나가 씨와 노다 씨는 그 일을 예측하고 다음과 같은 대처를 계획했다.

① 1구좌에 5,000엔의 회비로 가능한 한 협력 회원을 늘린다.

② 우키시마호 사건의 학습회나 필요한 이벤트를 개최한다.

③ 협력자에게 공지사항과 교류지 회보『크랭크 인(クラ
ンクイン)』을 발행한다.

그리고 1993년 11월 5일. 마이즈루시 근로자 복지센터 별관 회의실에서 '영화 <우키시마호> 제작 협력 마이즈루 모임' 발족회가 열렸다. 노다 씨는 참가자의 모임 상태가 걱정이었다. 마이즈루 촬영이나 상영 운동을 성공시켜 나가기 위해서는 많은 사람들의 협조가 필요하기 때문이다. 지역 신문사에도 기사를 써 달라고 부탁했다. 지인들에게도 가능한 한 알렸다. 그 보람이 있어 무려 40명이나 참가했다. 그 참가자의 절반은 신문 보도 등을 보고 참가했다.

"이 정도면 할 수 있을지 모른다."라고 노다 씨는 영화 제작에 대한 반응을 느꼈다.

"영화를 만드는 일도 재미있을 것 같고, 마이즈루에서 찍는 장면도 있다기에 참가해 보았습니다."

"우키시마호 사건에 대해서는 신문에서 읽은 정도가 전부라 자세히 몰라 죄송합니다만, 할 수 있는 일을 할 테니 잘 부탁합니다."

우키시마호 사건은 몰라도, 영화 만들기를 통해 처음으로 우키시마호 활동에 참여한다는 사람이 눈에 띄게 많았다. 우키시마호 사건만으로는 좀처럼 사람이 모이지 않았

출연자 등도 섞여 열린 '마이즈루 촬영을 성공시키는 모임'

지만, 거기에 '영화'라는 매력이 더해지자 새로운 사람들
이 모여들었다. 어떤 활동이든 마찬가지지만, 새로운 참
여자가 많을수록 활기를 띠는 법이다. '좋아, 힘내자!'라는
고조된 분위기에서 출범 모임은 개최되었다.

'제작 협력 마이즈루 모임'의 회보 『크랭크 인』 제1호
가 1993년 11월 29일에 발행되고, 드디어 회원을 모집하
는 활동도 시작되었다. 회보의 원고 작성이나 인쇄, 그리
고 배포 등 일은 여러 가지 있었다. 스나가 씨와 노다 씨는
섣달 그믐날에 분주한 마이즈루의 여기저기를 걸으며, '마
이즈루의 모임'에 가입해 줄 것을 부탁하며 돌아다녔다.

연말이라 그런지 신규 회원 모집은 그리 좋지 않았다. "뭐, 본격적으로는 내년부터군!"이라고 말하며 두 사람은 서로 웃었다. 하지만 솔직한 심정으로는 회원이 그다지 늘어나지 않아 앞날이 조금 걱정이었다.

해가 바뀐 1994년 1월 초순, 노다 씨의 집에 대한민국 민단 부인회로부터 102인분의 회비 51만 엔이 들어왔다. 두툼하게 겹쳐 쌓은 회원가입 신청서를 받았을 때, 노다 씨는 서서히 가슴에 뜨거운 것이 치미는 것을 느꼈다.

연말부터 정월이라는 1년 중 가장 바쁜 시기, 부인회의 임원들은 분담해서 회원들의 가정을 찾아가 "우리도 우키시마호 사건을 영화로 만드는 것을 돕자."라고 호소했던 것이다. "힘내지 않으면 안 돼, 더 힘내지 않으면 안 돼!"라고 노다 씨는 크게 격려를 받았다.

• 시나리오 만들기

한편, 교토의 '영화를 만드는 모임'에서는 각본가의 결정까지 준비가 되어 있었다. 우키시마호 사건의 각본을 정리하는 것은 야마우치 히사시(山內久) 씨. 영화 <젊은이들(若者たち)>의 각본가로 유명하다.

2월 5일, 교토 시내에서 시나리오 원안에 대한 의견 교환회가 열렸다. 참석한 사람은 야마우치 씨를 비롯해, '영화를 만드는 모임', 아오모리현 시모키타에서 우키시마호 희생자의 추도와 조사를 하고 있는 사이토 사쿠지(斎藤作治) 씨, 그리고 스나가 씨와 노다 씨다.

한 사람 한 사람의 책상 위에 놓인 회색 표지의 시나리오 원안을 스나가 씨는 손에 들고 응시했다. 각본 의견 교환회는 먼저 줄거리의 소개로 시작되었다.

"우키시마호 사건이 영화가 되다니, 줄곧 기분이 이상했어. 그러나 시나리오 표지에 인쇄된 '아시안·블루(エイジアン·ブルー)'라는 글자를 보고 있자니, 조금씩 실감이 나더라. 기분이 고양되기 시작하는 것을 스스로 알 수 있었지. 젊은 사람들도 보게끔 연애 이야기로 했습니다,라고 설명된 것이 인상적이더군."라고 스나가 씨는 회상한다.

"동시에 시나리오를 읽으면서 신경 쓰이는 점도 있었어. 예를 들면, 각본에서는 불고기집의 재일교포 딸이 우키시마호 사건을 알게 됨으로써 평화 운동에 눈을 뜨고, 영화의 마지막에는 원수폭(原水爆) 금지 평화 행진에 참가하는 딸이 그려지면서 끝난다고 되어 있는 점.

마이즈루의 우키시마호 추도 노력은 전 시민적인 것으로, 여러 사람이 서로 입장 차이를 인정하며 추도 활동을 계속하고 있어. 그러나 현재의 원수폭 금지 운동은 안타깝게도 분열되어 있지. 평화 행진을 일부러 영화의 막판에

4. 우키시마호 사건을 이야기로 전하다

가져오는 것은 결과적으로 어느 한쪽의 운동만을 그리는 일이 되어버리잖아. 그 점이 우키시마호 추도 활동과는 다르다고 느낀 거야.

각본의 설명을 들으면서 그런 생각을 하고 있는데, 갑자기 의견을 구하더라고. 각본을 읽었을 뿐, 생각도 정리되지 않은 상태였어. 게다가 눈앞에 앉아 있는 것은 유명한 각본가였어. 약간 송구스럽기도 했지만, 결국 생각한 것을 그대로 말해 버렸어."

우키시마호 희생자 추도 노력과 원수폭 금지 운동의 차이, 마이즈루 시민의 오랜 세월에 걸친 희생자 추도 활동의 행보, 영화 제작에 참여한 시민의 기대와 열의, 그리고 영화의 제목에 꼭 '우키시마호'라는 문자를 넣어주었으면 한다는 요청을 스나가 씨는 솔직하게 이야기했다고 한다. 야마우치 씨는 스나가 씨의 의견을 노트에 메모하면서 잠자코 듣고 있었다.

• 마이즈루 촬영

2월의 시나리오 검토회 이후, 교토로부터의 뉴스가 빈번하게 들리게 되었다.

5월, 감독에 호리카와 히로미치(堀川弘通)가 결정.

6월, 영화의 제목이 <아시안·블루 - 우키시마호 사건(エイジアン·ブルー 浮島丸サコン)>(이하 <아시안·블루>)으로 결정되었다.

'아시안·블루(エイジアン·ブルー)'란 아시아의 푸른 바다를 의미하고, 'サコン(사콘)'이란 한국어로 '사건(事件)'을 의미한다. 블루(blue=청색)는 우울함으로도, 밝음으로도 통하는 이미지를 가지고 있지만, '아시안·블루'란 어두운 과거를 정확히 규명하고, 밝은 미래를 위해 연대하자는 뜻을 담은 제목이다.

그리고 해가 바뀐 1995년 1월에는 기다리고 기다리던 영화의 시나리오가 완성되었다. 스나가 씨는 그 시나리오를 읽고 깜짝 놀랐다고 한다. 마이즈루 촬영에는 총 1,000명의 엑스트라가 필요하다. 촬영은 5월, 앞으로 4개월밖에 남지 않았다. 이러한 대규모 촬영은 스나가 씨의 예상을 뛰어넘었다. 어떤 일이 벌어질지 상상도 못했다. 그러나 우키시마호 사건을 다룬 영화에 마이즈루 신은 빠뜨릴 수 없다. 마이즈루 신 촬영은 반드시 성공시켜야만 했다.

시나리오를 다 읽은 스나가 씨는 바로 노다 씨에게 전화를 걸어 이제부터의 준비에 대해 의논했다. 곤란할 때에 이렇게 부담 없이 의논할 수 있는 동료가 있는 것은 정말로 든든했다. 전화를 하면서 일단 두 가지를 결정했다.

하나는 촬영팀의 수용이나 엑스트라 모집 등 모든 준비

많은 시민의 협력으로 성공한 마이즈루 촬영 풍경

에 대응할 수 있도록 신규 스태프를 확보하는 것. 또 하나
는 마이즈루 촬영 준비를 위한 사무실을 확보하는 것. 다
음 날, 스나가 씨는 마이즈루시 직원 노동조합을 찾아갔
다. 사무국 스태프 파견의 부탁을 위해서다.

"5월의 마이즈루 촬영은 1,000명 규모가 될 것 같아.
그렇게 되면 시민 여러분에게 부탁하는 글을 만들거나, 촬
영장까지의 교통수단을 확보하거나…. 즉, 마이즈루 촬영
을 성공시키기 위해 필요한 것은 무엇이든 해줄 수 있는
사람을 찾아줄 수 없을까. 꼭 도와주길 바란다." 스나가 씨
는 전 시청 직원으로 노동조합의 위원장이었기 때문에, 도

움이 필요할 때나 곤란할 때에는 부담 없이 부탁할 수 있었다.

이런 식으로 여기저기에 부탁하여 새로운 스태프도 늘었다. 사무실도 구했다. 이윽고 촬영 준비가 본격적으로 시작된다. 벌써 3월이었다. 5월의 촬영까지는 시간이 없었다. 그 후 2개월 동안 스나가 씨 등은 정신없이 분주한 나날을 보냈다. 만나는 사람마다 엑스트라가 되어 줄 수 없겠느냐고 말을 건넸다. 중간고사 전의 고등학생들에게 부탁한 적도 있었다. 촬영에 필요한 엑스트라 확보를 위해 다들 필사적이었다.

그리고 5월 24일부터 5일간, 마이즈루 촬영이 진행되었다. 꿈같은 나날이었다. 마이즈루 촬영 보고집『사바카의 바다에서(佐波賀の海から)』에 엑스트라로 참가한 여성의 감상문이 있다. 촬영 당일의 상황을 잘 알 수 있으므로 소개한다.

제게 엑스트라에 참가해야겠다는 생각이 든 것은 마이즈루시 교직원 조합 정기대회 때, 노다 선생의 호소를 들은 후였습니다. "내일의 엑스트라 인원이 모자랍니다. 퇴근 후 잠깐 정도면 됩니다. 부디 참가해 주십시오!" 집합 시간이 빨랐기 때문에 갈 수 없다고 포기하고 있던 저는 그 한마디에 참가를 결심했습니다.

당일 집합 장소에 가니 사람들이 많더군요. 버스 안에서 "오늘 엑스트라를 해 주시는 분들은 모두 시체 역할을 맡게 됩니다. 몸이 젖으면 곤란한 사람은 손을 들어 주십시오."라는 안내를 받았습니다.

체육관에서 의상을 입고, 머리를 묶고, 시체 분장도 하고, 평범한 도시락을 먹었습니다. 촬영 장소에 도착해 텐트 안으로 들어가자, 마치 시간 여행이라도 온 것처럼 한물간 옛 시대 같은 풍경이 펼쳐졌습니다. 모여 앉아 있는 사람들은 마치 방공호에 들어가 있는 사람 같았습니다.

주위에서는 드럼통에 물을 끓이는 사람, 담요를 나르는 사람, 카메라 받침대를 만드는 사람, 카메라맨, 화장을 고치는 사람, 단술을 만들어 주는 사람, 갖가지 촬영 도구를 준비하는 사람 등 여러 사람이 일하고 있었으며, 그 수가 많은 것에 놀랐습니다.

드럼통의 불을 쬐며 어두운 해변에서 기다리는 동안, 여러 사람과 친구가 되었고 이야기는 활기를 띠었습니다. 긴 대기 시간도 전혀 지겹지 않고, 마치 다같이 문화제를 하고 있는 것 같아 와자지껄하고 즐거웠습니다.

그리고 드디어 실전의 시간. 해변에 누워 뜨거운 물을 뒤집어쓰고 조명을 받았습니다. 단 몇 초, 단 몇

분 동안이지만 그 자리에 있는 모든 사람들이 진지합니다. 뭐라 말할 수 없는 긴장감과 열정이 오싹오싹 전해져 왔습니다.

한 사람 한 사람이 줄 수 있는 도움은 아주 적지만, 그런 모두의 힘이 전부 합쳐져서 좋은 영화의 한 장면, 한 장면이 만들어져 가는구나,라고 실감했습니다. 그 장면에 있는 모든 사람들이 '좋은 영화를 …'이라는 마음으로 연결되어 있었던 것 같습니다. 그런 사람들 중 하나로서 저도 함께한다는 게 너무 행복한 기분이었습니다.

- 엑스트라에 참가하여

영화의 촬영은 1995년 6월 2일에 끝나고, 7월 6일에 완성되었다. 그리고 7월 10일, 교토 아사히시네마(朝日シネマ)에서 관계자 시사회(試寫會)가 열리고, 드디어 전국 상영이 시작되었다. 태평양 전쟁이 끝난 지 50년이 흐른 여름이었다. 헤이안 천도 1,200년 기념으로 시작한 영화 제작은 전후 50주년 영화 만들기로 무대를 넓히고 있었다.

이 영화는 '우키시마호 사건'을 소재로 하여 태평양 전쟁에서의 일본의 가해 책임을 정면에서 다루고 있다. 태평양 전쟁 이후 오늘날까지 전쟁을 주제로 한 영화들이 많이

4. 우키시마호 사건을 이야기로 전하다

영화 <아시안·블루 – 우키시마호 사건> (1995년)

제2부 우키시마호 사건 추도 활동의 경과

제작되어 왔다. 그러나 일본의 가해 책임을 정면으로 묻는 영화는 거의 만들어지지 않았다. 그런 점에서도 이 영화는 귀중했다.

노다 씨와 스나가 씨의 수중에는 영화를 본 아이들의 감상문이 많이 전해져 있다. 영화를 본 중학생의 감상문을 소개하고자 한다.

전쟁에 관련된 비참한 사건은 몇 가지나 알고 있었지만, 우키시마호 사건은 처음 들었다. 특히 조선인의 강제 노동 이야기는 대략적으로만 알고, 자세하게 들은 적도 조사해본 적도 없다. 이 영화로 내가 생각했던 것보다 더 추한 짓을 당했다는 걸 알게 되었다.

마지막의 '일본인은 금방 잊는다.'라는 말이 무겁게 느껴졌다. 오늘날 일본에서는 전쟁 반대를 외치며 만들었던 헌법을 바꿔버리자는 목소리가 나오고 있고, 자위대도 '나라를 위해'라며 위험한 이라크로 향하고 있다. 지금 이 나라의 주도권을 쥔 사람들이 전쟁을 잊어서는 안 된다고 생각하고, 우리 또한 어른이 되어서도 우리 나라의 전쟁을 잊어서는 안 된다고 생각한다.

• '우키시마호 희생자를 추도하는 모임'의 출발

5월에 마이즈루 촬영이 끝났으므로, 영화 <우키시마호> 제작 협력 마이즈루의 모임은 6월이 되자 '영화 <아시안·블루>를 보는 모임'(이하 '보는 모임')으로 간판을 바꾸고 상영 운동에 힘썼다.

'보는 모임'은 7월 20일에 '마이즈루 모임'의 회원을 대상으로 시사회를 개최했다. 다음 날인 21일에는 마이즈루 촬영으로 신세를 진 현지인들을 대상으로 오뉴 초등학교(大丹生小学校) 체육관에서 현지 시사회를 열었다. 두 시사회 모두 참관객 300명이 넘을 정도로 높은 관심을 받았다. 엑스트라로 참여한 사람들도 많았기 때문에 상영 중에 '나온다!' 하는 소곤거림이 상연회장 곳곳에서 들리는 시사회였다.

상영회는 8월 26일 마이즈루 시민회관(3회 상영), 27일 마이즈루시 종합문화회관(4회 상영) 등 이틀간에 걸쳐 개최되었고 3,600명이 입장하며 대성황을 이루었다. 1992년 가을부터 3년 가까이 끌어온 영화 제작 및 상영회가 무사히 끝났다. '제작 협력 마이즈루 모임'과 '보는 모임'도 해산되었다. 모든 게 끝났다. 그러나 스나가 씨와 노다 씨는 영화 제작을 위해서 새롭게 쌓아 올린 관계가 행사 종료와 함께 사라지는 것이 아깝고 유감스럽다고 느끼고 있었다.

돌이켜 보면, 1992년 가을에 영화 이야기가 날아들기 전까지는 두 사람이 중심이 되어 4, 5명이서 실행 위원회라는 형태로 추도 활동을 해왔다. 그런데 이번 영화 제작에서는 젊은 신문 기자, 초등학교 선생님, 시 직원 등 여러 사람이 사무국 멤버로서 함께했다.

그러나 영화 제작이 끝나자마자 젊은 사람들이 추도 활동으로부터 멀어져 가는 것이 두 사람에게는 안타까웠다. 스나가 씨와 노다 씨는 앞으로의 추도 활동 진행 방법에 대해 이야기했다. 또 이번 영화 제작을 계기로 조직 본연의 자세를 바꾸어 갈 필요도 느끼고 있었다. 왜냐하면 지금까지의 추도 실행 위원회는 교직원이나 항만 노동자 노동조합 등의 단체로 구성되어 있었다. 하지만 이번 영화 제작은 개인 참가자가 많았다. 지금까지 우키시마호 사건을 전혀 몰랐던 사람이 영화 제작의 매력에 빠져 참가해 주었다. 영화 제작이 끝났다 해서 추도 활동으로부터 '졸업'해 버리는 것은 너무나 아쉽다. 이런 생각으로 기존 단체만의 추도 실행 위원회에서 개인 자격이라도 누구나 참가할 수 있는 추도 모임을 새롭게 만들기로 했다.

1996년 5월 10일, '우키시마호 희생자를 추도하는 모임'이 새롭게 발족되었다. 우키시마호 추도 활동은 전후 50년 영화 제작을 계기로 재출발했다. 추도 활동에 새로

새로운 '추도하는 모임' 결성 총회 (1996년 5월 10일)

운 바람이 불어 닥친 재출발이었다. 사무국도 영화 제작에
참가한 새로운 스태프를 맞이한 출발이다.

　회장은 노다 씨, 사무국장은 스나가 씨가 맡았다. 사무
국 멤버는 젊은 사람들이 가세해 10명 정도가 되었다. 추
도 활동의 계승이라는 관점에서 사무국 멤버의 구성을 보

면, 3개의 세대로 분류가 가능하다. 추도 활동의 제1세대는 스나가 씨나 노다 씨처럼 1964년 출발 시점부터의 멤버, 제2세대는 1978년의 추도비 만들기부터 참여한 멤버, 제3세대는 1995년의 영화 만들기부터 참여한 멤버이다.

1995년의 50주년으로 중단될 가능성도 있었던 우키시마호 사건 희생자의 추도 활동. 그러나 영화 제작을 통해 추도 활동은 새롭게 재출발했다. 그리고 영화화로 우키시마호 추도 활동을 둘러싼 환경도 크게 달라졌다. 8월 추도 집회에 참가하는 사람이 영화화 이전의 3배로 크게 늘었다. 참가자의 면면도 지역 시민과 함께, 영화에 관련된 사람들이 참여하게 되었다. 이후, 영화화를 계기로 우키시마호 사건을 알게 된 사람들이 더욱 추도 활동을 넓혀가게 된다.

• 후생성 장관으로부터의 메시지

영화 <아시안·블루>의 제작 협력과 상영회로 세월을 보낸 1995년이 끝나고, 1996년에 들어선 2월의 어느 날. 스나가 씨의 자택에 니시야마 도키코(西山登紀子) 씨(일본공산당 참의원 의원, 당시 교토 선거구)로부터 전화가 왔다.

"실은 3월에 참의원에서 '전쟁 부상자 전몰자 유족 등

원호법(戰傷病者戰歿者遺族等援護法) 일부 개정안'의 국회 심의가 있습니다. 저는 이 자리에서 우키시마호 사건을 다루려고 지금 질문 준비를 하고 있습니다. 우키시마호 사건은 전쟁 전 일본의 군국주의에 의한 침략 전쟁이 아시아 여러 국민에게 많은 희생을 안겨준 행위의 상징적 사건입니다. 하지만 사건의 중요성에 비해서 아직 알려져 있지 않습니다. 그리고 마이즈루 시민 여러분이 매년 여름에 추도 집회를 열고 계신다는 것도 알려져 있지 않습니다.

저는 기본적으로는 우키시마호 사건에 대한 정부의 책임을 명확히 해야 한다고 생각합니다. 그러기 위해서는 먼저 국회의 장에서 우키시마호 사건에 대해 논의하는 것이 중요하지 않겠습니까? 그래서 이번에는 소관 부처인 후생장관의 견해를 구하려고 생각하고 있습니다."

그동안 마이즈루에서 조촐하게 이어온 우키시마호 추도 활동이 국회에서 거론되는 것이다. 국회의 장에서 우키시마호 사건이 처음으로 정면으로 다루어지는 것의 무게를 스나가 씨는 전신으로 받아들였다. 스나가 씨는 니시야마 의원에게 지금까지의 추도 활동을 설명했다. 전화기 너머로 열심히 메모를 하는 니시야마 의원의 모습이 느껴졌다.

1996년 3월 26일 화요일 오후 2시 31분, 참의원 후생위원회에서 '전쟁 부상자 전몰자 유족 등 원호법의 일부를 개정하는 법률안'의 심의가 시작되었다. 니시야마 의원이 질문한다. 후생장관석에 앉아 있는 사람은 간 나오토(菅直人) 씨다. 니시야마 의원은 우키시마호 사건의 경과와 문제를 지적하고, 유골 반환 문제에 대한 의견을 제시한 뒤, 후생장관에게 답변을 요구했다.

"장관님, 이 우키시마호 희생 사건이라는 것을 저는 전쟁이 낳은 두 종류의 비극, 이런 의미로도 말할 수 있을 것으로 생각합니다. 지난해 마이즈루의 시민분들은 이 역사를 풍화시키지 않고, 미래로 이어가자는 뜻에서 극영화까지 만들었습니다. <아시안·블루>라는 영화인데, 저는 정말 감동했습니다. 그리고 이곳 마이즈루에서는 매년 위령제가 열립니다. 평화의 염원을 담은 한복 차림의 여성이 갓난아이를 안고 있고 그 발밑에 구조를 요청하는 군중이 모여 있는 형상의 추도비도 세워져 있으며, 이 추도비 주변에 모여 매년 추도식을 엽니다. 추도식에는 지사와 시장도 참석하거나 메시지를 보내고 있습니다. 이러한 국제적인 비극이 풍화되지 않게 하기 위해서, 장관으로서 메시지를 보내는 정도만이라도 힘을 보태주실 것을 간곡히 요청드립니다."

이 요청에 대해 간 장관은 사건 그 자체를 처음 알게 된 점을 밝히고, 유골 반환에 성의를 가지고 응하겠다며 메시지를 보내기로 약속했다. 1945년 8월 우키시마호 사건 이후, 국회에서 정면으로 우키시마호 사건의 문제를 거론한

4. 우키시마호 사건을 이야기로 전하다

것은 니시야마 의원의 국회 질문이 처음이었다. 그로부터 5개월 후인 8월 24일. 추도 집회에서 간 나오토 후생장관으로부터의 메시지가 노다 씨에 의해 읽혀졌다.

"…… 돌아가신 분들께 삼가 애도의 뜻을 올립니다. 우리는 평화롭고 풍요로운 오늘에 있어서 전쟁의 비참함과 평화의 고귀함을 다음 세대에 물려주어야 합니다. 이곳에 다시금 평화의 결의를 새롭게 다지고, 돌아가신 분들의 명복을 간절히 빕니다."

이 후생 장관의 메시지를 들으면서, 스나가 씨는 "메시지에는 우키시마호 사건에 대한 사죄나 책임은 언급되어 있지 않지만, 평화를 위한 결의를 보인다는 점은 우리와 같아. 마이즈루라는 한 지방에서 열리는 추도 집회에 일본 정부가 정식으로 참가했다는 것은 큰 진전이야."라고 의미를 강조했다. 이 해의 추도 집회 이후, 정부로부터의 메시지가 매년 전해지게 되었다.

(2) 연극 <바다를 바라보는 군상 이야기>를 만들다

• 스나가 씨의 교통사고

1925년생인 스나가 씨는 우키시마호 영화가 만들어진 1995년에 70세를 맞았다. 이 무렵의 스나가 씨는 '앞으로도 우키시마호 사건의 구전 활동을 젊은 사람들에게 계승해 나가려면 어떻게 해야 좋을까?'를 항상 생각하고 있었다. 젊은 사람들에게의 계승이 스나가 씨나 노다 씨 일동의 과제였다. 특히 영화 제작에서는 젊은 사람들이 많이 협조해 주었다. 모처럼의 이 연결 고리를 어떻게든 살릴 수 없을까?

그런 생각을 하고 있던 1996년 9월 13일, 스나가 씨는 큰 사고를 당한다. 그때 스나가 씨는 볼일이 있어 자동차를 타고 도쿄를 향해 달리고 있었다. 야마나시현 고후시(山梨県 甲府市) 근처의 중앙 고속도로에서 스나가 씨가 타고 있던 승합차가 대형 트럭에 엄청난 기세로 추돌당했다. 졸음운전이었다. "우당탕!" 하는 둔탁한 소리와 함께 승합차는 80m나 떠밀려 나갔고, 스나가 씨는 머리와 어깨에 큰 부상을 입고 병원으로 실려 갔다. 긴급 입원한 병원에서 "목숨이 붙어 있는 것은 기적이다. 운이 좋았다."라고 말할 정도로 깜짝 놀랄 만한 대형 사고였다. 스나가 씨에게는 막연하게 생각하고 있던 '죽음'에 직면한 대형 사고였다.

· 오미나토를 방문하다

이듬해인 1997년 7월, 추도 집회 전의 사무국 회의에서 부상에서 회복한 스나가 씨는 모두에게 이야기했다.

"참, 나 이번 8월 24일의 추도 집회가 끝나면 아오모리현의 시모키타에 가려고 생각하고 있어. 예전부터 시모키타에는 가보고 싶었어. 우키시마호에 타고 있던 사람들이 어떤 곳에서 일하고 있었는지도 보고 싶고, 조선인 노동자가 만든 오마 철도(大間鉄道) 흔적도 시모키타 반도에 남아있다고 하던데. 게다가 '시모키타 지역 문화 연구소(下北地域文化研究所)'의 사이토 사쿠지(斎藤作治) 씨로부터도 한번 오라고 권유를 받았지만, 아오모리는 멀어서 '기회가 되면, 기회가 되면' 하며 생각하고 있는 사이에 나이를 먹어버렸어. 과감히 가지 않으면 이제 평생 못 갈 것 같아서 다녀오려고 해."

노다 씨는 스나가 씨의 아오모리행 이야기를 듣고 아오모리에 가고 싶다고 생각했지만, 8월에는 아무래도 갈 수 없다. 노다 씨는 '히마와리 클럽(ひまわりクラブ)'이라는 지역 스포츠 클럽에서 어린이들에게 테니스를 가르치고 있었

오마 철도 터. 니마이바시(二枚橋)의 고가교(高架橋)는
심하게 파손되어 철거가 검토되고 있다.

다. 8월은 원정이나 합숙으로 가장 바쁜 시기이다. 도저히
아오모리까지 갈 수 있는 여유는 없었다.

　나도 오미나토의 기쿠치 잔교(菊池桟橋)와 오마 철도의
공사현장에 가보고 싶었다. '시모키타 모임(下北の会)'의 사
람들과 만나는 것도 즐거움이다. 그래서 동행하기로 했다.

　1997년 8월 24일의 추도 집회 종료 후, 우리는 아오모
리를 향하여 출발했다. 아오모리에서는 '시모키타 모임'
사람들의 안내로 조선인 노동자들이 만든 오마 철도 터와
우키시마호가 출항한 기쿠치 잔교 터 등을 방문했다. '시

모키타 모임' 사람들과의 교류회에서는 영화 촬영의 고생스러운 이야기 등을 들었다.

마이즈루와 시모키타는 멀리 떨어져 있다. 그러나 '우키시마호 사건과 같은 일을 두 번 다시 겪고 싶지 않다.'라는 같은 생각으로 오랫동안 활동해 온 사람들이었다. 드디어 만날 수 있어, 교류의 기회를 가졌다. 같은 뜻을 가진 사람들과의 만남과 교류는 스나가 씨를 어느 때보다 건강하게 하고 있었다.

'시모키타 모임'의 사람들도 모두 활기차다. 특히 대표인 사이토 사쿠지 씨는 유난히 목소리가 크고 큰소리로 호쾌하게 웃는다. 사이토 씨가 스나가 씨에게 묻는다.

"오미나토에서도 마이즈루와 같은 추도비를 만들고 싶은데, 좀처럼 원활하게 안 되네요. 마이즈루에서는 그 당시 분위기가 어땠습니까?"

스나가 씨는 조금 생각하고 나서 대답했다.

"음~, 시모키타에서는 아무래도 어려움이 좀 따르겠네요. 왜냐하면 시모키타는 괴롭힌 쪽이고, 마이즈루는 도운 쪽이니까."

"아하하하, 그렇구나. 스나가 씨는 꽤 재미있는 사람이네요."라고 사이토 씨는 큰 소리로 웃었다.

• 젊은이가 주인공인 연극을 하고 싶다

8월 26일 저녁에 아오모리역을 출발하여 우리는 귀로에 올랐다. 아오모리에서 마이즈루로 가는 야간열차 안에서 스나가 씨는 기분이 아주 좋았다. 시모키타에서 만난 분들과의 여운을 즐기는 듯했다. 오른손에는 일본 술이 담긴 와인 잔을 들고서, 스나가 씨는 활기차게 계속 말한다. 나도 기분 좋게 스나가 씨의 술 상대를 하면서 이야기를 듣고 있었다.

"우키시마호 사건을 젊은 사람들이 더 많이 알 수 있었으면 좋겠다. 추도 집회뿐만 아니라, 여러 가지 기회에 우키시마호 사건을 소개하고 싶어. 젊은 사람들이 관심을 가지게 하려면 어떤 방법이 좋을까? 시나다 군, 어떻게 생각해? 나는 젊은 시절부터 노래나 춤, 연극 같은 것을 좋아했어. 노래와 율동이 가능한 직원이어서 교육위원회의 사회교육과로 이동하게 되었을 정도야. 젊은 사람에게 알리려고 한다면, 역시 연극이 좋을까?"

"글쎄요. 일단 연극은 즐겁고, 연습 중에 우키시마호 사건도 배울 수 있어서 좋을 것 같네요."라고 나도 대답한다.

스나가 씨와 상대하고 있는 나도 술이 꽤 들어가 기분이 좋다. 술김에 관심을 갖도록 유도한다.

"스나가 씨, 역시 주인공은 젊은이일까요?"

"그래 그래, 역시 젊은이가 주인공인 편이 좋아. ……주인공은 지금 유행하는 갈색 머리의 중학생이야. 예를 들면, 이런 스토리는 어떨까? 어느 날 미술실에 우키시마호 희생자의 초상이 걸려 있는데, 그 갈색 머리의 중학생이 선생님에게 그 초상화에 대해 묻는 거야. ……그렇다면 선생님이 아이들에게 '실은……'이라고 설명한다고 하는 시작은 어떨까? 아, 한 병 더 마실까?"

야간열차는 아오모리현을 지나 아키타현(秋田県)의 해변을 달리고 있었다. 스나가 씨는 힘차게 이야기를 이어간다. "하지만, 마이즈루에서 연극을 하려면 누구에게 부탁하면 좋을까? 나는 이미 나이가 들었고, 우키시마호 사건으로 연극을 하려면 각본부터 써야 하는데."

스나가 씨의 걱정은 현실적인 것이었다. 연극은 종합 예술이므로, 여러 가지 준비가 필요하다. 처음부터 시작하는 것은 힘들어. '추도하는 모임'만으로 실현될 수 있는 일은 아니었다. 하지만 나도 술김에 기분이 들떠 있었다. 그래서 스나가 씨에게 제안했다.

"마이즈루에서 지난해, 마을 사람들이 하는 극단[村芝居一座]인 링고자(りんご座)라는 그룹이 창단한 것을 알고 계십니까? 거기에 이야기해 보면 어떨까요? 원래 '이 책을 좋아하는 모임'이라는 아이들의 책 읽기를 추천하는 모임의 활동으로 시작되었지만, 멤버 중에는 교직원 조합의 선생

님도 많기 때문에 우키시마호 사건에 대해서도, 스나가 씨에 대해서도 모두 잘 알고 있습니다. 링고자의 무대는 저도 몇 번인가 가 보았는데, 수준이 상당히 높으므로 충분히 즐길 수 있습니다."

"오, 링고자? 마이즈루에 그런 사람들이 있었구나. 바로 부탁하러 가볼까?"라고 스나가 씨는 기뻐했다.

• 마이즈루에서 꿈은 이루어질까?

1997년 가을, '이 책을 좋아하는 모임' 마이즈루 지부의 행사로 극단 링고자가 공연을 했으므로 스나가 씨는 공연을 보러 갔다. 웃음과 애드리브가 있는 아주 수준 높고 유쾌한 연극이었다. 멤버는 젊은 사람뿐이었다. 즉시 부탁해 보자고 스나가 씨는 생각했다.

한편, 링고자의 멤버는 조금 당황했다고 한다. 실은 링고자에서도 스나가 씨가 싱글벙글하며 보고 있는 것을 눈치채고 있었다. 스나가 씨가 우키시마호 사건의 연극 공연을 생각하고 있다는 것도 들었다. 그래서 스나가 씨를 관객석에서 발견하고 '좀 곤란하네…'라고 생각하고 있었다고 한다.

자료가 적은 우키시마호 사건의 연극을 만든다는 것은

큰일이다. 도저히 갓 시작한 링고자가 할 수 있는 공연이 아니다. 그러나 스나가 씨나 노다 씨에게 부탁을 받으면 거절하기 어려운 것도 솔직한 심정이었다. 링고자의 공연이 끝난 뒤, 스나가 씨는 링고자의 멤버에게 말을 걸어 보았다.

"내년 1998년은 추도비가 건립된 지 20년이 됩니다. 그러니 20주년 기념으로 우키시마호 사건의 연극을 만들어 주지 않겠어요?"

"예, 알겠습니다." 링고자의 모두는 그 자리에서 승낙해 버렸다. 역시 오랜 세월에 걸쳐 추도 활동을 계속하고 있는 스나가 씨에게 부탁을 받으면 거절할 수 없었던 것이다.

스나가 씨의 앞에서 상냥하게 대답을 해 버렸지만, 우키시마호 사건의 연극을 만든다는 것은 역시 힘든 일이었다. 먼저 각본이다. 20주년 기념 연극이므로 제대로 된 내용이 요구된다. 그러자면 공연 시간은 1시간은 필요할 것이다. 1시간짜리 각본을 쓰는 것은 큰일이 될 것이다. 그러기 위해서는 물론 우키시마호 사건의 공부도 필요하다.

링고자의 멤버도 스나가 씨와 노다 씨의 추도 활동에 대해서는 알고 있었다. 그러나 각본을 만들게 되면 이야기는 다르다. 처음부터 다시 조사할 각오로 작업을 하지 않으면 제대로 각본은 만들어지지 않는다. 하물며, 우키시마호 사건과 추도 활동을 주제로 한 각본이므로, 관계자는 마이즈루 사람들뿐이다. 당시의 일을 잘 알고 있는 사람은 많지만, 링고자의 젊은 멤버는 당시의 일을 전혀 몰랐다.

다음 문제는 연극에 출연하는 인원이다. 링고자의 단원은 아역을 포함해도 20명. 그러나 마이즈루시 종합문화회관 대공연장에서 연극을 하는데 출연자가 적다면 박력이 나지 않는다. 하물며 시모키타 반도의 다코베야(蛸部屋)[*]에는 많은 사람들이 일하고 있었으므로, 그 인원수를 생각하면 출연자가 총 100명은 필요할 것이다.

100명이나 되는 출연자를 찾기도 힘들겠지만, 그렇게 많은 인원이 연습할 장소가 마이즈루에는 없다. 공적인 시설은 있지만, 사용료를 생각하면 도저히 이용할 수 없다. 스나가 씨에게 걱정을 끼칠 수도 없다.

---

[*] 토목 공사장이나 탄광에서 노동자가 도망치지 못하게 감금이나 다름없이 지내게 했던 방. 제2차 세계대전 전에 홋카이도와 사할린의 공사 현장이나 탄광 노동자의 합숙소를 일컬음.-역자주

4. 우키시마호 사건을 이야기로 전하다

• 꿈의 무대 만들기에 대한 학습

1997년 11월. "내년 8월에 우키시마호 추도비가 건립된 지 20년이 되는 것을 기념하여, 우리는 우키시마호 사건을 주제로 한 연극을 합니다. 하지만 솔직히 말해서, 저도 우키시마호 사건에 대해 자세한 것은 모릅니다. 그래서 오늘은 우키시마호 희생자를 추도하는 모임의 사무국장으로서 오랫동안 추도 활동을 계속하고 계시는 스나가 야스로(須永安郎) 씨에게 우키시마호 사건이란 어떤 사건이었는지, 그리고 추도비를 어떤 생각으로 만들었는지에 대해 말씀을 듣겠습니다."

링고자에서는 우선 우키시마호 사건을 스나가 씨에게 배우려고 학습회를 계획했다. 제대로 듣고 공부하지 않으면 한 발짝도 전진할 수 없기 때문이다. 학습회에는 링고자 단원 20명이 참가했다. 스나가 씨는 여느 때와 마찬가지로 열심히 이야기했다.

"링고자의 여러분에게는 갑자기 무리한 부탁을 드렸습니다. 오늘은 우키시마호 사건에 대해 왜 우리가 추도 활동을 계속해 왔는지를 말씀드리겠습니다. 저도 올해로 70세가 되는 노인입니다. 유언이라고 생각하고 들어 주세요." 스나가 씨의 생각이 담긴 박력 있는 학습회였다. 게다가 참가자들도 스나가 씨가 겪은 1996년의 교통사고를 알고 있었으므로, 스나가 씨가 말한 '유언'이라는 단어는 가슴에 와 닿는 것이 있었다.

링고자에서는 이 학습회를 시작으로 연극의 요점이 되는 각본 만들기를 시작했다. 교토시 향토 자료관에 보관되어 있는 전쟁 중 자료를 열람하거나 추도 활동 관계자들에게 이야기를 듣기도 했다. 각본을 만들 때, 특히 인상 깊었던 것은 '추도하는 모임' 사무국 멤버로 오랜 세월에 걸쳐 회계를 맡고 있는 아다치 에이지(安達栄二) 씨의 이야기였다.

"실은 저도 대륙으로부터 귀국한 사람입니다. 17살 때 귀국했습니다. 요즘 사람들은 상상도 할 수 없겠지만, 옛날에는 집안에 군력(軍歴)을 가진 사람이 하나도 없으면 세상 앞에 체면이 안 섰어요. 저도 초등학교를 졸업하고 예과련(豫科練, 해군 비행 예과 연습생)을 몇 개 응시해 보았지만, 눈이 나빠서 불합격했습니다. 그래서 학교 선생님의 권유로 바다 건너 만철(満鉄)에 취직했습니다. 1944년(쇼와 19년) 봄, 15살 때입니다. 지린(吉林)의 철도 연수소(鉄道研修所)를 나와서 역의 견습과 서무 일을 하고 있었지만, 패전을 맞아 1946년 6월에 히로시마현 우지나항(広島県 宇品港)으로 귀국해 왔습니다. 귀국했을 때의 기쁨은 이루 말할 수 없을 정도였습니다. 산들의 녹음이 정말 아름다웠던 것이 기억납니다.

귀국한 뒤에는 국철(国鉄)에서 일하고 있었는데, 1977년 무렵에 노동조합으로부터 캄파* 자루가 돌아왔습니다. 우키시마호 추도비 건립을 위한 모금이었습니다. 그때 처음으로 우키시마호 사건을 알게 되었습니다. 충격이었죠. 조선인들도 고향에 돌아가고 싶었을 거예요. 하루만 더 항해하면 그리운 고향이 보이는데……. 그렇게 생각하니 안 됐더군요. 저는 다행히도 이렇게 돌아왔지만, 같은 인간으로서 돌아갈 수 없었던 사람들을 생각하면 말이죠. 적어도 뭔가 하나라도 협력하지 않으면 미안해서 ……"

링고자의 멤버들은 가슴 아픈 이야기를 많이 들었다. 그로부터 1998년 8월까지의 한 해는 순식간에 지나갔다.

• 성공적인 무대

1998년 8월 25일, KBS 교토TV 뉴스 프로그램 특집으로 링고자의 연극이 소개되었다. "지금으로부터 53년 전, 구 일본 해군 수송선 우키시마호가 교토부 마이즈루만에서 폭발 침몰하여 승무원과 승객 549명이 희생되는 대참사가 발생했지만, 아직까지 그 진상은 알려지지 않고 있습니다.

---

*   kampaniya. 정치적·사회적 활동을 위해 대중에게 호소하여 행하는 모금 활동 또는 그에 따라 금전을 내는 행사나 그 금전. 본래는 정치단체가 자기 과제 실현을 위해 운동을 일으켜 대중을 조직하는 것.-역자주

'추도비' 건립 20주년을 기념하여 만들어진 연극
<바다를 바라보는 군상 이야기>

 이 사건을 후세에 전하기 위해 우키시마호 희생자 추도
비가 건립된 지 올해로 20주년을 맞이했습니다. 이를 기
념하여 그제 8월 23일, 마이즈루시에서 우키시마호 사건
과정을 그린 연극 <1995년 여름·마이즈루 바다를 바라보
는 군상 이야기>가 마이즈루 시민에 의해 상연되어 큰 감
동을 주었습니다. 오늘 밤에는 그 일부를 소개해 드리겠습
니다.

 이야기는 바다에 낚시를 온 고교생이 우키시마호 희생
자를 추도하는 모임의 회원에게 추도비 앞에서 우키시마
호 사건에 대해 배우는 장면으로 시작됩니다."

프로그램은 8분 동안 연극의 내용을 정중하게 소개하고, 본 사람들의 소감도 실었다. 뉴스는 노다 씨의 코멘트로 막을 내린다.

"시민 여러분의 힘으로 이 연극을 발표할 수 있었습니다. 감동적인 연극이었어요. 연극을 본 사람으로부터 '마이즈루는 인간다운 마을. 인도적인 마을이구나.'라는 말을 들었습니다." 젊은 극단인 링고자의 연극을 보고 노다 씨는 매우 기쁜 것 같았다.

연극의 피날레에서 한반도 동요 <고향의 봄>을 함께 합창하기 시작하자, 관중석에서도 노래를 부르는 소리가 따라 들려왔다. 행사장 전체가 노랫소리로 하나가 되어 갔다. 그 자리의 노래를 들으며 링고자의 멤버는 한껏 뿌듯한 기분을 느끼고 있었다. 링고자에서는 스나가 씨로부터 의뢰를 받았을 때부터 상상하고 있던 피날레가 있었다. 그것은 한국 사람들도 모두 함께 부를 수 있는 노래를 합창하는 피날레다.

노래는 모두의 마음을 하나로 모아준다. 그런 멋진 힘을 가지고 있다. 그래서 다 같이 부를 수 있는 노래를 찾아보았다. 하지만 떠오르지 않는다. 아리랑을 부를까라는 의견도 있었다. 하지만 워낙 잘 알려진 노래라서 아리랑 이외의 노래를 찾아보고 싶었다. "이웃 나라인데도 우리가 모르는 게 많구나."라고 누군가가 말했다. 모두 동감했다.

이럴 때에는 전문가의 힘을 빌리는 것이 최고다. 음악 프로듀서인 이길우(李吉雨) 씨에게 물었다.

"한국 사람들도 모두 함께 부를 수 있는 노래 말입니까? 그러면 좋은 노래가 있어요. 여러분의 소원에 딱 맞는 노래입니다." 이 씨는 사무실 자료 더미에서 한국 초등학교 음악 교과서를 꺼내, <고향의 봄>을 복사해 주었다. <고향의 봄>은 1926년에 발표된 동요다. 가락이 밝고 가사에 시정(詩情)이 넘치며, 민족의 향수를 나타내는 노래로 한국에서 매우 유명하다.

나의 살던 고향은 꽃피는 산골
복숭아꽃 살구꽃 아기 진달래
울긋불긋 꽃 대궐 차린 동네
그 속에서 놀던 때가 그립습니다

여러 사람의 도움으로 완성된 우키시마호의 연극이었다. 종료 후의 사무국 회의에서도 평가가 높았다. "이런 완성도 높은 연극을 볼 수 있을 줄은 몰랐다.", "이 젊은이들이라면 우키시마호 사건이라는 역사 사실을 이어받을 수 있지 않을까?"라는 생각을 말하는 사람도 있었다. 그것은 사무국 모두의 생각이기도 했다.

4. 우키시마호 사건을 이야기로 전하다

• 다음 세대로 이어지는 희망

연극이 끝나고 얼마 뒤 스나가 씨와 노다 씨는 우키시마호 희생자 추도 공원의 풀베기를 했다. 9월이 되었지만 늦더위가 기승을 부린다. 30분이나 풀을 뜯고 있으면 땀이 뚝뚝 떨어진다. 무리하지 않고 천천히 할 생각이지만 금세 허리도 나른해진다. 둘 다 자신의 나이를 통감할 뿐이다.

"이렇게 하고 있으니 옛날 생각이 나네. 1995년의 전후 50년, 50주기까지는 어떻게든 계속하고 싶다고 이야기하던 시절도 있었는데, 돌이켜보면 우리도 참 운 좋게 여기까지 온 것 같아."

"그러게, 아직 이렇게 계속하고 있네. 그 무렵에는 참가자도 줄어, 더 이어가는 것은 어렵겠다고 생각했었지."

"그건 그렇고, 95년 영화 만들 때에는 힘들었지만, 돌이켜 보면 영화의 힘이란 대단한 것이야."

"그렇지. 영화 만들 때 도와주러 온 젊은 사람들이 그후로도 도와주고 있고, 시외에서 우키시마호 사건에 대해 알고 싶다고 해서 일부러 찾아오는 사람도 늘었잖아. 음, 오늘도 그것 때문에 풀베기를 하고 있지만…. 아하하하." 스나가 씨와 노다 씨는 그런 이야기를 하면서 즐거운 듯 웃었다.

1995년의 영화 <아시안·블루> 개봉 이후, 마이즈루 추도 공원을 찾는 사람들의 발길이 잦아지고 있다. 그것도 젊은 사람들의 방문이 늘었다. 영화는 전국에서 30만 명이 관람했다. 제작자인 이토 마사아키(伊藤正昭) 씨는 영화의 반향에 대해 이렇게 말하고 있다.

"관객들의 주된 반응을 보면, (영화를 통해) 우키시마호 사건을 처음 알았다는 사람이 많습니다. 그리고 마이즈루 시민이 추도 활동을 오랜 세월 계속하고 있는 것에 대해 놀라워하고 있어요. 개중에는 여성이 서 있는 추도 동상이 영화의 세트라고 생각하고 있는 사람도 있습니다."

확실히 사건 현장으로서의 마이즈루에 대한 관심은 높아지고 있었다. 마이즈루시 이외에서의 방문자가 증가한 것도 영화의 영향이다. 노다 씨는 추도비 방문이나 설명 의뢰가 있으면 약속 날짜에 앞서 반드시 추도 공원을 보러 간다. 그리고 잡초가 있으면 뽑았다. 이 습관은 추도비가 세워질 무렵부터 계속 이어지고 있다.

"잡초가 자라나 있으면 희생당한 사람들에게 미안하다. 추도비를 만드는 데 협조해 준 사람들에게도 미안하다.", "잡초가 자라게 해서는 안 된다."라는 것은 노다 씨의 입버릇이었다.

(3) 한국 광주 시민과의 교류

• <아시안·블루> 상영을 한국에서

우키시마호 사건은 일본의 조선 식민지 정책이 없었다면 일어나지 않았다. 침략 전쟁도, 식민지화도 상대국에 대한 무지와 몰이해, 모멸의 감정 없이는 일어날 수 없다. 그러므로 국가와 국가 간의 외교 및 교류의 중요성과 더불어 시민과 시민의 교류가 중요하다. 교류는 상호 간의 이해와 신뢰를 길러주기 때문이다. 그리고 교류하는 것은 이치로 따질 것 없이 즐겁다. 1995년에 제작된 영화 <아시안·블루>는 우키시마호 희생자를 추도하는 모임과 한국 시민과의 교류를 창출해 내었다.

영화 <아시안·블루>를 제작한 이토 마사아키 씨는 그동안 도쿄 대공습과 오키나와전 등, 전쟁의 참화를 그린 작품을 제작해 왔다. 이들 작품에 우키시마호 사건을 소재로 일본의 가해 책임을 다룬 영화 <아시안·블루>가 가세했다.

<아시안·블루>는 일본과 한국 역사의 접점을 담은 영화였으므로, "어떻게 해서든지 한국 사람들이 이 영화를 봤으면 좋겠다."라고 이토 씨는 바라고 있었다. 그러나 영화가 완성된 1995년 당시, 한국에서는 일본 영화의 상영

이 금지되어 있었으며 일본어 노래가 TV나 라디오를 통해 방송되는 것도 금지였다. 이러한 일본 문화 금지 정책의 배경에는 말할 것도 없이 일제 식민지 지배에 의한 문화적 침략이라는 긴 역사가 있었다.

그런 한국 사정을 영화 프로듀서인 이토 씨는 누구보다 잘 알고 있었지만, 어떻게 해서든 <아시안·블루>를 한국에서 상영하고 싶었다. 그래서 영화가 완성되었을 때, 이토 씨는 한국 대사관을 찾아가 영화 제작 목적과 경과를 설명하고, 상영 허가를 신청했다. 그러나 답변은 '불허가'였다. 한국 상영으로 가는 길은 멀었다.

· 전환기를 맞다

그로부터 3년 뒤, 전환기는 1998년에 다가왔다. 한국의 새 대통령이 된 김대중 당선자는 일본 문화 개방 정책의 준비를 시작한다.

1999년 8월 24일의 우키시마호 희생자 추도 집회에서 이토 씨는 편지 한 통을 소개했다. 그것은 김 대통령의 강력한 리더십으로 출범한 한일 문화 교류 정책 자문 위원회 위원장 지명관(池明觀) 씨의 편지였다. 지 씨는 영화를 비롯한 일본 문화의 개방을 검토하는 최고 책임자이며, 편지는

지 씨의 친구가 영화 <아시안·블루>를 보고 비디오를 지 씨에게 보낸 것이 계기가 되어 써진 것이었다.

원고용지에 일본어로 쓴 편지에는 '하나의 레퀴엠'이라는 제목이 붙어 있었다. 지 씨가 <아시안·블루>를 보고 느낀 것은 '이것이야말로 아름다운 레퀴엠"이라는 것이었다.

(중략) <아시안·블루>가 많은 사람들에게 화해와 평화의 마음을 불러일으키는 것을 빌어 마지않습니다. 머지않아 한국에서도 상영하게 되겠지요….

일본 문화 개방에 대해 검토하는 한국 위원장이 간접적인 표현으로 상영을 약속했다. 한국에서의 영화 상영 전망을 열어 준 편지였다. 이 추도 집회 두 달 뒤인 1999년 10월, 김대중 대통령은 일본 문화 개방 정책을 발표했다.

순풍이 부는 가운데, 이토 씨는 <아시안·블루>를 한국에서 상영할 방도를 모색하고 있었다. 2000년 7월, 지인의 소개로 이토 씨는 오사카에 거주하는 재일 한국 기독교회의 이청일(李淸一) 씨를 만났다. 이 씨는 이토 씨의 말을 듣고, 영화 비디오를 연세 대학교 조재국(趙載國) 교수에게 건넸다. 조 교수는 지뢰 철거 캠페인을 비롯해 평화 운동

---

* requiem. 죽은 사람의 영혼을 위로하기 위한 미사 음악. 진혼곡(鎭魂曲), 진혼미사곡.-역자주

에 아주 열심이었다.

조 교수는 <아시안·블루>를 처음 봤을 때의 감상을 「<아시안·블루>와 나」라는 에세이에 다음과 같이 적고 있다.

"처음에는 내 눈을 의심했다. 정말 7,000명이나 되는 강제 연행된 한국 사람들이 배를 탔을까. 정말 마이즈루 항에서 침몰한 것인가. 수천 명이 희생되었다는데, 어째서 이런 일이 세상에 알려지지 않은 것인가. 전쟁 중에 일어난 사건도 아닌데, 왜 진상 규명이 되지 않은 채 방치되고 있는가. 구조된 사람들은 어떻게 생활하고 있는가? 많은 의문이 뇌리에 떠오르면서 한국인들에게 이 영화를 꼭 보여줘야 한다는 조바심이 났다."

조 교수의 진력 덕분에 서울 시내 교회의 8월 행사로 <아시안·블루> 상영 계획이 잡혔다. 그로부터 한 달 남짓, 그는 일본 문학을 가르치는 부인과 함께 매일 밤마다 자정까지 계속되는 작업으로 시나리오를 번역하고, 영화의 한국어 자막을 경이로운 속도로 만들었다. 2000년 8월 17일 밤, 서울 대학가에 있는 창천 교회(滄川敎會)에서 <아시안·블루>는 국내 최초로 상영되었다. 영화가 일본에서 개봉된 지 5년이 지났다. 마침내 이토 씨의 소원이 실현되는 순간이었다. 그날은 약 500명의 젊은이가 관람했다.

이때 실시된 설문 조사에 의하면 관객의 90%는 이 영화로 우키시마호 사건을 처음으로 알게 되었다고 한다. 동시에, 일본의 가해 책임을 다룬 영화를 일본인들이 직접 제작했다는 사실에 대한 놀라움의 목소리가 다수 있었다.

• 영화 수출은 승인되었지만……

2001년 6월, 한국 정부에 영화 수출을 신청하여 정식으로 승인되었다. 이토 씨는 본격적으로 극장 상영을 위해 한국 영화관계자에게 영화를 보여 주었다. 그러나 반응은 좋지 않았다. 상업적으로 적합하지 않다는 이유에서다. 아무리 수출이 승인되어도 상영해 주는 극장이 없었기 때문에 한국 국민이 볼 수 없다. 이토 씨는 또다시 벽에 부딪혀 버렸다.

마침 그 무렵, 한국의 시민 단체 '광주시민연대'의 김양래(金良來) 대표가 일본을 방문했다. 친구로부터 '<아시안·블루>가 상업적으로 적합하지 않다.'라는 말을 듣고 깜짝 놀랐다고 한다. 김 씨는 "경영이라는 잣대만으로 역사적인 의미를 가진 영화를 한국에서 상영할 수 없다는 것은 부끄러운 일이다. 만약 극장 상영이 곤란한 경우, 전국 시민 단체와 연대하여 직접 영화를 상영하고 싶다."라며 상영을 향해 움직이기 시작해 주었다.

2001년 8월 22일, 광주시의 광주극장은 수많은 관객과

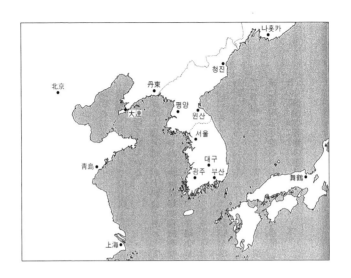

언론인으로 메워졌다. 상영 기간 중에는 연일 수많은 광주 시민이 몰렸다. 역시 이번 상영회에서 처음으로 우키시마호 사건을 알게 된 시민이 대부분이었다. 결국, 광주시에서의 개봉을 시작으로 한국 국내 8곳에서 상영이 이루어졌고, 한국 내에서 지금까지 3만 명이 이 영화를 관람했다.

이토 씨는 광주에서의 상영과 아울러, 9월 27일~28일에 광주 대학, 동신 대학, 전남 대학에서 강연을 했다. 영화 제작의 목적과 배경, 전쟁에 대한 자신의 생각, 그리고 마이즈루 시민에 의해 계속되고 있는 추도 활동을 소개하고,

열심히 들어 준 대학생들에게 다음과 같은 말을 건네며 강연을 마무리했다.

"우리는 '우키시마호 사건'의 의미를 깊이 새겨, 두 번다시 이런 잘못을 저지르지 않을 결의를 새롭게 함과 동시에 아시아인들과의 연대와 우호를 진전시키고 싶습니다. <아시안·블루>의 블루는 우울함으로도, 밝음으로도 통하는 이미지를 가지고 있습니다. 어두운 과거를 정확히 규명하고 밝은 미래를 위해 연대하자는 뜻을 담은 것입니다. 이 영화가 한일 민간 교류의 가교가 되었으면 하는 마음입니다."

• 한국 젊은이들의 감상

이때 학생들이 작성해 준 설문지를 몇 가지 소개한다.

나는 여기서 크게 두 가지를 느꼈다. 하나는 강제노동에 의해 피눈물을 흘려야 했던 선조들을 생각하면서 끓어오른 분노이고, 하나는 우키시마호 사건에 대한 진상 규명의 필요성이다. 그 진상 규명을 위해서는 시민 차원을 넘어 국가와 국가가 함께 협력해야 한다.

또한 지금까지 '일본이 나쁘다'라는 말을 많이 듣기는 했지만, 미디어를 통해 간접적으로나마 일본의 잔인함을 체험할 수 있었다. 이러한 배경 때문에 내게도 일본을 원망하는 감정이 뿌리내리고 있었는데, 이 영화가 제작된 경과를 교수님으로부터 전해 듣고, 스스로 반성하지 않을 수 없었다. 부끄러웠다. 그리고 그런 사람이 있다는 것을 알게 되어서 기쁘게 생각했다.　　　　　　　　　　　　　　　- 오해연

　　한국이 오래전부터 일본에 대해 적대적인 감정을 가지고 있는 것은 부정할 수 없는 사실이다. 최근에는 일본 교과서 문제로 인해 더욱 격화되고 있다. 이는 일본 자신이 일으킨 참혹한 전쟁의 실태를 인정하지 않고, 반성하기는커녕 전쟁에서는 당연히 감수해야 하는 것으로 간주하고 있기 때문이다. 따라서 한국은 이러한 일본을 용서할 수 없고, 시간이 흐를수록 더욱 감정적으로 대처하고 만다. 이 영화의 의도는 좋다고 생각하지만, 현실을 돌아보면 일본 정부는 여전히 사건의 명확한 진상 규명과 공식적인 사죄를 하지 않고 있다.　　　　　　　　　- 차운장

나는 이런 사건이 있었다는 것을 알고는 스스로의 역사적 무지와 무관심에 대해 자책감을 느꼈다. 또 <아시안·블루>라는 영화가 일본인들의 모금에 의해 제작된 영화라는 사실을 알고는 안타까움을 느꼈다. 얼마 전에 있었던 역사 교과서 왜곡 문제로 인해 일본에 대해 비판적인 생각을 가지고 있었지만, 이 영화를 본 뒤 일본인들의 양심적인 부분도 알게 되었다. <아시안·블루>는 일본의 과거사에 대한 사죄뿐만 아니라, 젊은 세대가 풀어야 할 양국 간의 숙제를 가르쳐 주었다. 그것은 '모든 것을 드러내는 것'으로부터 시작하지 않으면 안 된다.   - 최경수

•영화 상영에서 광주 시민과의 교류로

영화 <아시안·블루>가 광주에서 상영된 지 반년 뒤인 2002년 3월의 일이었다. 광주시민연대로부터 우키시마호 희생자를 추도하는 모임에 "4월에 한국 광주시에서 교류회를 개최하므로 참가해 주십시오."라는 편지가 도착했다. 바로 '추도하는 모임'의 사무국 회의가 열렸다. "드디어 한국에 갈 수 있는 기회가 생겼어. 저쪽에서 여는 교류회가 어떤 모습인지는 모르겠지만, 모처럼의 기회니까 모두 함

께 가는 게 어때? 여비는 미안하지만 자기 부담이 될 거야. 그래도 괜찮으면 참가하는 방향으로 준비할까?"라고, 스나가 씨는 모두에게 제안했다.

사무국 직원들도 모두 반가워했다. 시민 교류라는 말은 들어봤지만 '추도하는 모임'으로서는 첫 경험이다. 만나서 어떤 이야기가 될지 전혀 몰랐지만, 모두는 설레고 있었다. 실은 이때, 스나가 씨와 노다 씨에게는 약간 걱정하고 있던 것이 있었다. 우키시마호 사건을 주제로 한국의 시민과 이야기했을 때 어떻게 전개될 것인가….

"뭐니 뭐니 해도, 미해결된 사망 사고야. 하물며 원인이 자폭인지 촉뢰인지도 확실하지 않아. 게다가 일본 정부는 문제 해결의 자세를 보이지 않고 있고. 그런 상황에서 정말 결실 있는 시민 교류가 이루어질 수 있을까. 더 말하면 규탄회와 같은 상태가 될 가능성도 있었다고 생각해."라고 노다 씨는 당시의 심경을 말해 주었다.

다만 스나가 씨와 노다 씨의 입장에서 보면, 그런 걱정을 안고 어제나 오늘 갑자기 시작한 추도 활동은 아니다, 라는 생각이었다. 1964년부터 여러 가지 일을 겪으면서 꾸준히 해 왔다. 그 도중에는 자신들 일본인으로서의 책임도 충분히 의논해 왔다. 오히려 그제야 우키시마호 사건을 통해 한국 시민들과 만나게 되는 기쁨이 더 컸다고 한다.

• 마이즈루에서 온 광주 방문단

광주 시민과의 교류회에서 꽃다발을 받는 스나가 씨 (2002년 4월 24일)

2002년 4월 24일, 추도하는 모임은 스나가 씨를 단장으로 10여 명이서 한국 광주시로 향했다. 간사이 공항(関西空港)에서 인천 공항으로 날아간 뒤, 국내선 편으로 광주시에 들어갔다. 공항에는 광주시민연대 분들이 마중 나와 있었다. 공항 로비에서 만났을 때, "처음 뵙겠습니다."라며 손을 흔든다. <아시안·블루> 상영을 통해 서로의 활동을 들었기 때문에 만나서 다들 반가워했다.

광주시에서의 첫째 날 밤, 바로 교류회가 열렸다. 회의 장소는 호텔의 넓은 행사장. 광주 시민 참가자는 100여 명으로 젊은이가 많았다. 한국의 시민운동에는 젊은 사람이 많은 것 같다. 여성도 많다. 웃음소리와 밝은 분위기가 넘쳤다. 교류회에서는 주최자로부터 우리 '추도하는 모임'이 소개되어, 스나가 씨가 대표로 '추도하는 모임'의 활동을 설명하고, 다음과 같이 끝을 맺었다.

"비록 작은 힘이더라도, 저희는 앞으로 한국과 일본을 잇는 바다가 평화로운 바다가 되도록, 그리고 마이즈루 항구가 우정의 항구가 되도록 힘껏 노력해 나갈 것입니다."

한국에서는 자주평화통일민족회의 고문 윤용기 씨가 인사했다.

"오늘 여러분을 뵙고, 우호를 위해 일하시는 분이 이렇게 많이 계신다는 것을 실감했습니다. 우리가 함께 교류를 깊게 해 나가면 한일 간에 평화가 조성될 것으로 확신합니다. 지난해 광주에서 <아시안·블루>를 상영하여 많은 시민들에게 큰 감동을 주었습니다. 그리고 그런 영화를 만든 사람들이 일본에 있는 것에 대해 저는 진심으로 감사하게 생각하고 있습니다. 우리들의 시도는 작은 씨앗일지 모르겠지만, 이 작은 씨앗으로부터 30배, 50배, 100배의 풍부한 열매가 맺어질 것으로 생각합니다. 한국에는 지난 역사 때문에 일본을 원망하고 있는 사람도 좀 있다고 생각합니다. 그러나 더 많은 사람들이 그 증오를 넘어 서로와 더 친해지고 싶다고 생각하고, 평화를 위한 교류가 심화되기를 진심으로 원합니다. 그러길 바라는 사람이 많다는 것을 알아 두세요. 일본인 여러분, 한국의 여러분. 이제부터는 정말로 가족과 같은 사랑으로 우호를 돈독히 하여, 가족의 정을 깊고 강하게 할 수 있다고 저는 확신하고 있습니다."

즐거운 밤이었다. 직접 만나는 것의 즐거움과 소중함을 우리는 실감하고 있었다.

• 시민 차원의 솔직한 의견 교환

둘째 날에는 일부 사람들만 모여 의견 교환회를 열었다. '추도하는 모임'에서는 스나가 씨, 이토 씨, 나를 포함해서 5명. 한국 측에서는 우키시마호 사건 희생자의 국가 보상을 요구하고 있는 변호사, 생존자를 찾아 조사를 벌이고 있는 사람 등이었다. 계속해서 우키시마호 사건에 관계된 사람들이라, 솔직한 질문이나 의견이 많았다. 긴박감도 있었다.

"마이즈루 시민분들은 우키시마호 사건을 전할 기념물을 만들었습니다. 사건이 알려지는 것은 중요하니까, 한국에서도 만들고 싶네요. 청년들이나 시민들이 우키시마호 사건에 대해 알게 되었으면 합니다. 건립 장소는 역시 우키시마호가 목표로 했다는 부산이 적합할 것 같아요."

"저도 설치 장소는 부산이라고 생각하는데, 기념물을 만들어 갈 주체가 없어요. 새로운 조직을 만들 필요가 있습니다."

다양한 화제가 있었다. 의견 교환회의 통역은 동신대 교수로 일본어에 능통한 유재연(柳在淵) 선생이다. 이 선생님은 오사카 사투리를 자유자재로 구사하는 유쾌한 분이다. 광주시민연대의 임원이기도 하다. "우키시마호 폭침 진상 규명회입니다. 우키시마호 생존자 조사를 계속하고 있습니다. 기념물을 만드는 것은 중요하다고 생각합니다만, 이 일에 대한 유족들의 요구나 생각은 어떠한가요? 저는 피해자 측의 기분이 중요하다고 생각합니다."

"우키시마호 사건 피해자 배상 추진 위원회입니다. 일본 시민 여러분과 마이즈루 분들이 영화를 만들거나 추도비를 만든 것에 감사하고 싶습니다. 다만 우리는 우키시마호 사건의 진상이 규명되지 않은 것이 가장 큰 과제라고 생각하고 있습니다. 그러나 일본 정부는 진상 규명 노력은 전혀 하지 않고 있습니다. 예를 들면, 일본 정부는 사망자가 약 500명이라고 하지만, 우리는 3,000명이 넘는 사망자가 있었다고 보고 있습니다. 마이즈루의 바다에 지금도 잠든 채로 있는 사람들이 있을 겁니다. 또 숨진 사람들의 명단도 마련되어 있지 않아요. 그런 것들을 먼저 해결한 뒤에 기념비를 만드는 순서가 아니겠습니까. 이것이 우리의 마음입니다."

"왜 일본 정부는 그런 불성실한 태도를 취하는 걸까요?"

미해결의 문제가 구체적으로 언급되자 교류회의 음성도 점점 올라간다. 사회자가 스나가 씨에게 발언을 요구했다. 스나가 씨는 우키시마호 사건을 풍화시키지 않기 위해 추도비를 만든 경과와 추도 활동에 대해 소개하면서, 담담하게 말했다.

"일본 정부는 우키시마호 사건으로 인해 549명이 사망했다고 합니다. 그러나 승무원의 증언을 통해 사망자가 늘어날 가능성이 있다는 것은 알고 있습니다. 하지만 일본 정부는 현재 우키시마호 사건이 법정으로 가도 자료조차 내놓지 않는 자세를 취하고 있습니다. 이것이 현실입니다. 우리 일본의 민주적인 힘이 더 강해져 정부에게 자료를 내놓게 하는 것이 중요하다고 생각합니다."

스스로에게 타이르는 듯한 말투였다. 교류회의 분위기가 좀 가라앉았다. 이야기를 나누면 서로 받아들이는 방식의 차이를 잘 알 수 있다. 게다가 무심코 자신의 국가를 짊어진 채 대변하는 입장에서 말하게 되면, 감정에 치우치기 쉽다는 것도 실감할 수 있다. 서로 나라의 모든 것을 짊

광주 시민 대표도 마이즈루 추도 집회에 참가했다. (2002년 8월 24일)

어지고 있는 것은 아니다. 한 사람의 시민으로서 이야기를
나누면 되는 것이다.

그렇다고 해도 우키시마호 사건 희생자 수에 대해서는
일본에서는 약 500명이라고 하는 경우가 많다. 한국 사람

들은 약 3,000명으로 보고 있다. 사실 조사를 통해 이 큰 골을 메우지 않으면 일본과 한국과의 입장 차를 좁히지 못할 것이다.

교류회의 교환을 들으면서 나는 그렇게 느끼고 있었다. 우리 추도하는 모임의 멤버들은 광주와 서울 관광, 교류회, 서대문형무소 역사관 견학, 아라이 에이이치(新井英一)의 라이브 참가 등, 짧은 여정이었지만 내용이 알찬 여행을 계속했다.

이 여행을 계기로 다음과 같은 교류가 시작되었다.

[2002년]
- 6월, 한국에서의 영화 상영을 협조해 준 사람들이 추도 공원을 방문.
- 8월, 광주시민연대 전 대표와 정책국장이 우키시마호 희생 57주년 추도 집회에 참가. 교류회 개최.

[2003년]
- 5월, 노다 회장을 단장으로 하여 다시 광주시를 방문, 교류.
- 8월, 우키시마호 희생 58주년 '얼쑤 공연, 한국 궁중 무용과 전통 예능 모임' 개최.

- 마이즈루 시민과 광주 시민 대표단과의 시민 교류회 개최.
- 추도 집회에 광주 시민 대표단 약 30명이 참가. 집회 과정에서 한국 전통 헌다 의식과 진혼의 춤을 올리다.

[2004년]
- 9월, 영화 <아시안·블루>에 의한 시민 교류의 기록을 정리한 다큐멘터리 영화 <항적(航跡)>이 제4회 광주 국제 영화제에서 특별 상영.

[2005년]
- 3월, 중국 북경 대학에서 영화 <아시안·블루> 상영.
- 스나가 씨가 '우키시마호 사건과 추도 활동'에 대하여 강연.

(4) 마이즈루에서 열린 한·일·중 '동아시아 국제평화 심포지엄'

・동아시아 사람들과 평화에 대해 생각하자

2004년 9월 14일, 여전히 늦더위가 기승을 부리고 있었다. 추도하는 모임은 그해 예년보다 일찍 사무국 회의를 열었다. 1년 뒤의 대처를 의논하기 위해서이다. 2005년은 태평양 전쟁이 끝난 지 60년, 우키시마호 사건이 일어난 지도 60년이 되는 해였다. 노다 씨가 사무국의 모두에게 인사했다.

"8월 24일 추도 집회는 더운 날씨에 고생이 많았습니다. 그런데, 내년 2005년은 사건이 일어난 지 60년이 되는 해. 사람으로 말하면 환갑입니다. 자, 이번에는 무엇을 해야 할까요? 여러분의 지혜를 빌려주세요."

언제나 있는 일이지만, 새로운 제안을 할 때의 스나가 씨와 노다 씨는 왠지 즐거워 보인다. 돌이켜 보면, '추도하는 모임'에서는 10년마다 전기가 되는 시도를 해 왔다. 우키시마호 사건 이후 20년 뒤인 1965년에는 노다 씨 등이 '우키시마호 희생자 추도 위령제'를 마이즈루 동공회당(東公会堂)에서 개최했다. 마이즈루 시민에 의한 추도 활동의 시작이었다. 30년 뒤인 1975년에는 '추도비' 건립 활동이 시작되었다. 40년 뒤인 1985년은 우키시마호 사망자 명부와의 만남이 계기가 되어 『우키시마호 사건의 기록』 간행을 향한 준비가 시작되었다.

그리고 50년 후인 1995년에는 영화 <아시안·블루>의 제작이 있었고, 추도 활동의 참가자가 늘어 연결 고리도 넓어졌다. 그 이듬해에 '우키시마호 희생자를 추도하는 모임'으로 재출범할 수 있었던 것도 영화 제작을 계기로 협력자들이 확산된 덕분이다.

이제 60주년을 맞이하기 위한 이번 사무국 회의이다. 언제나 그렇지만, 새로운 행동을 생각하는 것은 즐겁다. 여러 사람으로부터 이런 저런 의견이 나왔다. 스나가 씨는 모두의 의견을 듣고 나서 제안했다.

"실은 지난번 추도 집회에 와주신 북경 대학의 김훈(金勳) 선생님이 '우키시마호 사건을 주제로 국제회의를 열지 않겠습니까?'라고 말씀하셨어. 다들 어떻게 생각해?"

"그거 좋겠다!"라고 초등학교 교사인 고니시 요이치(小西洋一) 씨가 즉각 반응했다. "여러 나라 사람들의 의견을 들을 수 있어 재미있을 것 같아. 헌법을 바꾸려고 하는 일본을 동아시아 사람들이 어떻게 보고 있는지 알 수 있어서 좋겠어."

"예를 들면, 국제 관계에 굉장히 밝은 사람에게 코디네이터를 부탁하고, 넓은 시야에서 우키시마호 사건을 추도

하는 모임의 활동이 어떤 의미를 가지고 있는지, 코멘트 해달라는 것도 좋을지도 몰라."라고 내가 말했다.

국제회의 개최가 모두의 기분을 한층 붙잡아 갔다. 우키시마호 사건이나 평화를 주제로 동아시아 사람들과 이야기를 주고받는다. 사무국의 모두에게 설레는 기획이었다. 게다가 준비를 통해 새로운 연결 고리가 생길 것 같은 기분이 들었다. 물론 필요한 경비를 마련한다거나 전반적인 준비를 하는 데 꽤 힘이 들 것 같지만, 그런 것마저 잊어버릴 정도로 꿈에 부푼 기획이었다. 모두가 의논한 결과, '우키시마호 희생 60주년 기획 동아시아 국제 평화 심포지엄'으로 명칭이 바로 정해졌다.

"제목이 결정되니 내일이라도 개최할 수 있을 것 같은 기분이 드네."라며 스나가 씨가 웃었다.

• 심포지엄 주제와 코디네이터

다음 10월부터 즉시 심포지엄 준비가 시작되었다. 심포지엄 담당이 된 나는 '첫걸음'으로서 모두가 함께 의논한 것을 정리해 보았다.

"심포지엄의 주제를 네 가지 정도 제안합니다. 우키시마호 사건, 침략 전쟁과 식민지 지배라는 뼈저린 역사에 입각하여 첫째, 가해 책임을 다하기 위해 우리는 시민의 입장에서 무엇을 하면 좋은가. 둘째, 동아시아를 평화로운 지역으로 만들어 가기 위한 이치를 명확히 밝히고 싶다. 셋째, 평화를 구축하기 위한 방법으로 시민 교류의 진행 방법과 그 가능성을 논의하고 싶다. 넷째, 추도란 무엇인가. 추도 활동이 가지는 의미는 어디에 있는가. 추도 활동의 앞으로의 과제는 무엇인가. 이상 네 가지를 심포지엄의 주제로 삼고자 합니다.

또 평화헌법을 바꾸려는 움직임이 있는 가운데, 우키시마호 사건으로부터 60년, 전후 60년의 여름에, 이 마이즈루 땅에서 국제 평화 심포지엄에 의한 대화, 교류를 실시함으로써 다시는 비참한 전쟁을 일으키지 않기 위한 여론과 운동을 조성해 나가고 싶습니다."

사무국 회의에서는 추도의 원점으로 돌아가 추도 활동의 의미를 되새겨 보자는 의견도 많았다. 추도의 원점을 분명히 하고 싶다는 의견이 많았던 것에는 이유가 있었다. 그것은 스나가 씨와 노다 씨의 건강에 대한 것이었다. 두 사람 다 이제 80살. 근년에는 입퇴원을 반복하고 있었다. 스나가 씨와 노다 씨로부터 배울 때 많은 것을 묻고 싶었다. 패널리스트는 순조롭게 정해졌다.

원래 영화 <아시안·블루> 상영 운동에서 확산된 연결고리가 출발점이었다. 그래서 한국 연세대의 조재국 씨,

북경대의 김훈 씨, 영화 제작자 이토 마사아키 씨에게 부탁했다. 그리고 현지 마이즈루에서는 스나가 야스로 씨로 패널리스트는 순조롭게 정해졌다. 이번에는 코디네이터를 누구에게 부탁할 것인가 하는 문제이다.

심포지엄의 성패는 코디네이터에 의해 결정된다. 심포지엄의 목적이나 주제의 이해, 운영과 시간 배분과 공정한 발언 보장, 적절한 질문, 그리고 유머. 덧붙여 이번 심포지엄의 어려움은 미해결의 역사적 사건이나 가해 책임이 주제이다. 과연 이런 심포지엄의 코디네이터를 맡아 줄 사람이 있는지, 어떤지.

"중국과 한국의 역사 문제, 일본의 전쟁 책임 및 가해 책임이라는 주제에 대해 성실하고 솔직하게 코디네이트해 줄 수 있는 사람은 누구인가 후보자 이름을 올려 주세요. 대화의 출발점이니 부탁해 두겠습니다. 후보자가 멀다든가 가깝다든가, 바쁘다든가 비쌀 것 같다든가 하는 것은 신경 쓰지 말고 의견을 내주세요."라고 내가 말했다.

"어려운 주문이군."하고 스나가 씨가 웃었다.

'동아시아의 역사와 현상에 정통한 분', '태평양 전쟁의 역사를 근거로 세계에 통하는 내용을 솔직하게 이야기할 수 있는 분' 등, 모두의 주문은 점점 커져 쌓여갔다. 결국 수차례의 의논 끝에 코디네이터는 히로시마 시립대 히로시마 평화 연구소의 아사이 모토후미(浅井基文) 소장에게 부탁하게 되었다. 아사이 씨는 원래 외무부에서 근무했던 분으로, 중국이나 국제 관계의 전문가다. 바쁜 분이라 걱정하면서 부탁했지만, 흔쾌히 수락해 주었다. 달력을 보니 벌써 4월이었다.

•2005년도 여름·심포지엄 직전

2005년도의 여름은 그야말로 무더위로, 햇볕이 쨍쨍 내리쬐고 연일 기온이 35도를 넘었다. 8월의 어느 날 오후, 무더위 속에서 스나가 씨가 큰 체구를 자전거에 싣고, 회보『우키시마호 통신(浮島丸通信)』을 나눠주고 있었다. 오후 2시, 이곳저곳 회원 집을 돌아다닌 뒤, 마이즈루 시청의 내 직장에 도착했을 때에는 땀범벅이 되었고, 목은 쉬어 힘들어 보였다. "60주년 행사가 끝나면 '이번이 마지막이겠구나'라는 생각으로 낙심하게 될까 봐 걱정이야."라고 말하며 스나가 씨는 웃었다. 그러나 그 말을 듣고 나는 가슴이 아팠다.

"스나가 씨는 노다 씨와 함께 40년 이상이나 이런 식으로 마이즈루 여기저기를 돌아 다니셨군요."라고 말하자 스나가 씨가 차근차근 말했다.

"그렇구나. 그래도 40년 이상이나 잘 이어왔다고 생각해. 용케 여기까지 올 수 있었던 것은 노다 씨와 둘이서 함께였기 때문이었겠지. 혼자였다면 계속하지 못했을 거야. 우리는 종종 '둘이서 1인분'이라고 말하며, 언제나 함께 걸어 다녔으니까. 둘이서 걷고 있으면 '또 우키시마호 일인가요?'라고 모두가 말을 걸었어."

　　세월을 느끼게 하는 스나가 씨의 말이었다. 스나가 씨의 땀도 조금은 식은 듯했다.

• 심포지엄 직전에 퇴원해 온 노다 씨

　　2005년 8월 24일, 우키시마호가 마이즈루만에 가라앉은 지 60년. 심포지엄 당일을 맞이했다. 이날 마이즈루는 역시 늦더위가 기승을 부렸다. 회의 장소인 마이즈루시 상공관광센터 대형 홀은 거의 만원인 320명. 시외의 참가자도 많았다. 이날 아침, 노다 씨의 얼굴을 본 나는 안심하였다. 노다 씨는 올해 들어와 입원하기 일쑤여서 이 심포지엄을 위해 무리하게 퇴원해 온 것이다.

　　오후 2시, 1년간의 준비를 거친 심포지엄이 드디어 시작되었다. 노다 씨의 추도하는 모임을 대표하는 인사가 시작되었다.

이날의 설명이 '마지막 가이드'가 된 노다 씨. 왼쪽은 필자. (2005년 4월 3일)

"우리가 우키시마호 추도 집회를 해 온 것은 이 마이즈루 만에서 많은 조선인들이 돌아가셨기 때문입니다. 전쟁이 끝나고, 겨우 새로운 나라를 만들 수 있을 거라고 모두가 생각했을 것입니다. 고향으로 돌아간다는 기쁨에 덩실거리며 배를 탔지만, 평화롭게 살 수 있을 것이라는, 혹은 그렇게 살 수 있는 나라를 만들겠다는 희망과 꿈은 한순간에 사라지고 말았습니다. 그 슬픔, 분한 마음, 그것을 잊어서는 안 된다고 우리는 생각하고, 이 일이 일본인의 책임이라는 뜻에서 추도 집회를 계속해 왔습니다.

오늘의 심포지엄은 평화를 향한 마음이 동아시아 전체로 퍼져 나가기를 바라는 마음에서 준비했습니다."

4. 우키시마호 사건을 이야기로 전하다

가냘픈 목소리였다. 원래 목소리가 큰 노다 씨인데, 노다 씨로서는 힘껏 낸 목소리였을 것이다. 노다 씨의 인사를 무대 측면에서 들으면서 나는 4개월 전의 일을 떠올리고 있었다.

4월 3일, 일요일의 일이었다. 노다 씨가 "시나다 군, 청소하러 갈까?"라고 갑자기 권해서 나는 추도 공원에 잡초를 뽑으러 갔다. 거기에 나라시(奈良市)에서 견학자 10여 명이 내방했으므로, 노다 씨가 설명을 했다.

"이 우키시마호 사건으로 많은 아이들이 사망했어요. 저는 원래 중학교 교사인데, 아이들이 죽었다는 것이 가슴에 사무치더군요……"

가슴에 와 닿는 이야기였다. 우키시마호 사건을 처음 알았을 때를 되돌아보는 듯한 설명이었다.

• 심포지엄 '우키시마호 사건: 동북아 평화를 위한 조건'

[개요 설명(코디네이터 / 아사이 모토후미)]

"저는 피폭지인 히로시마를 발판으로 국제 평화, 동북아시아를 포함한 동아시아의 평화 그리고 일본 평화의 기본 방향에 대해 생각하고 있습니다. 히로시마뿐만 아니라, 일본 내에서는 과거 전쟁에서의 피해 측면이 강하게 의식

우키시마호 희생 60주기 기획 '동아시아 국제 평화 심포지엄'

되어, 그 전쟁이 식민지 지배를 수반한 침략 전쟁이며 일
본과 일본인이 가해자였다는 냉엄한 현실에 대해서는 자
칫 외면하기 쉽습니다. 패전 60주년인 오늘, 일본의 가해
책임을 포함한 역사 인식의 기본 방향에 대해 진지하게 생
각하는 것 자체가, 분별없는 사람들에 의해 파괴될 위험성
이 높아지고 있습니다.

　특히 제가 매우 위험하다고 생각하는 것은 미·일 군사
동맹의 재편 강화가 순조롭게 진행되어 일본을 다시 '전쟁
하는 나라'로 만들려는 움직임이 강해지고 있는 것입니다.
그 움직임의 중요한 일환으로서 바야흐로 평화헌법을 바

꿔 버리려는 방향성이 강하게 도출되기에 이르렀습니다. 그런 일본과 한국, 중국과의 관계는 매우 냉엄한 국면에 처해 있습니다.

이러한 일미 군사동맹의 재편 강화, 평화헌법 '개정' 움직임의 배경을 관찰하면, 거기에는 일본의 가해 책임을 무시하고, 역사 인식을 왜곡하고 일본을 철두철미하게 미화해야 한다는 의식의 움직임이 있음을 발견하는 것은 결코 어려운 일이 아닙니다. 그럴수록 한일, 중일 관계가 매우 긴장되고 있는 것입니다.

일본이 과거의 전쟁 책임, 가해 책임과 어떻게 마주할 것인가에 대해서, 우키시마호 사건에 대한 마이즈루시의 활동, 우키시마호 사건을 소재로 한 영화 <아시안·블루>의 제작과 일본, 한국, 중국에서의 상영 운동은 많은 생각거리를 제공하고 있다고 생각합니다.

이 심포지엄은 마이즈루시에서 활동의 중심을 담당해 온 분, 영화 <아시안·블루>의 제작과 상영에 관계해 온 분들을 패널리스트로 맞이하여, 우키시마호 사건에 대해 생각하면서, 앞으로의 동북아시아 평화를 생각하는 데 있어서 가장 기본적인 문제라 할 수 있는 일본의 가해 책임에 대해 다양한 각도에서 생각해 보는 것을 목적으로 하고 있습니다."

[패널리스트로부터의 발언]

스나가 씨가 우키시마호 사건과 '추도하는 모임'의 활동을 소개하자, 다음으로 영화 프로듀서인 이토 마사아키 씨가 영화 <아시안·블루>의 상영 운동에 대해 소개했다. 그는 특히 가해의 역사를 바라보는 것의 중요성을 강조했다.

"우리는, 일본인이 자국의 가해 사실을 외면해서는 안되며, 그 역사를 정확히 알아야 한다고 생각했습니다. 그렇지 않으면 한국과 아시아인으로 이어지는 시각은 나오지 않을 뿐더러, 큰 잘못을 다음 세대로 전해주게 된다고 생각했습니다."

세 번째로 연세 대학의 조재국 씨가 발언했다. "저는 5년 전에 오사카 지인의 소개로 이 <아시안·블루> 를 보게 되었을 때 '이런 일은 몰랐다.'라고 생각했고, 이만큼 아직 우리가 모르는 것이 많이 있구나 하고 놀랐습니다. 한일 관계사를 공부해 왔다고 생각하는데, 죄 없는 많은 희생자가 발생한 우키시마호 사건에 대해 들어본 적도 없다는 것을 생각할 때, 왠지 슬픈 느낌이 들어 견딜 수 없었습니다.

저는 개인적으로, 한일 간의 역사적 과제를 해결할 때 서로 언성이 높아지는 것은 이 문제 안에 '희생된 사람'들이 있기 때문이라고 생각합니다. 한일 간의 역사 문제란 국가의 권위와 재산의 문제가 아니라, 개인의 생명과 인권의 문제입니다."

조용한 말투가 인상적이다. 그는 한일 우호를 더욱 증진시키기 위해 역사 인식의 중요성을 이야기한다. "한국의 근대사는 어디를 잘라도 일본과의 관계가 보입니다. 제가 돕고 있는 지뢰 문제나 한국 군사 독재 정권 등은 한국의 남과 북이 분리되어 있는 게 원인이지만, 그 분단은 일본의 식민지 지배의 응어리입니다. 과거 일본의 군국주의가 그만큼 한국 근대사에 크게 작용하고 있음을 일본인들이 이해해 주시길 간절히 바랍니다."

네 번째인 북경 대학 김훈 씨는 정력적이고 건강한 분이다.

"한국을 여행하다가 우연히 우키시마호 사건을 알게 되었습니다. 중국에는 전혀 알려지지 않은 사건입니다. 저는 더욱 힘을 기울여 중국에서, 해명되지 않은 이 역사적 사건을 알리고 싶습니다. 잘못된 역사 인식이 아니라, 동아시아라는 지역 공동체에 살고 있는 사람들의 평화와 안정의 시대를 바란다면 먼저 서로 공유할 수 있는 역사 인식의 토대를 마련해 나가야 할 것입니다."라고 역사 인식과 역사 교육의 중요성을 지적했다.

[중간 요약(아사이 씨)]

"마이즈루의 여러분이 해 오신 우키시마호 추도 사업이라는 것은 객관적으로 말하면, 일본의 가해 책임을 마이즈루 사람들이 정면으로 마주하고 있다는 것을 의미하고 있는 것이라고 생각합니다. 조 선생님도 말씀하셨듯이 정말 유례없는 획기적인 시도이며, 더구나 그것이 수십 년 동안 지속되고 있다는 것은 정말 다른 예를 찾아볼 수 없는, 대단한 일이라는 인식을 저는 가지고 있습니다.

정말로 우리 일본인이 과거의 가해 책임에 대해 진지하게 마주하는 그런 국민이 된다면, 저는 아마도 조 선생님과 김 선생님이 말씀하신 것처럼 한국, 중국을 포함한 아시아 여러 나라 분들과 일본이 진정한 신뢰 관계로 맺어질 수 있을 것이라 생각합니다. 그런데, 현실의 일본 사회에서는 그런 가해 책임 혹은 역사 인식이라고 바꾸어 말해도 좋겠지만, 그에 대해 올바른 방향과 완전히 반대로 가는 흐름이 점점 강해지고 있습니다. 가해 책임과 마주하지 않으려 하다 보니 가해 책임을 반성하며 만들었던 평화헌법마저 없애버리려는 움직임이 생기고 있는데, 이러한 상황이 정말로 현재의 일본 사회에서는 언론 매체의 보도에서조차 볼 수 없는 상황을 만들어내고 있는 것입니다."

한일, 중일 관계를 개선하기 위해서는 역사 인식이 매우 중요하며, 특히 일본인에게 있어서는 가해 책임 문제와 정면으로 마주하는 것이 중요하다는 점이 4명의 패널리스트 각각의 입장에서 강조되었다. 여기서 1부가 끝나고 휴식에 들어갔다. 힘찬 발언의 연속으로 회의장에는 열기가

4. 우키시마호 사건을 이야기로 전하다

넘쳤다.

[토론: 일본은 어떻게 해야 하는가-헌법을 통해 생각하다]

제2부는 아사이 씨의 진행에 따라 여러 가지 테마에 대해 서로 이야기했다. 폭침의 진상 규명, 유골 반환 문제, 우키시마호의 목적지, 한류 열풍, 개인과 국가의 관계 등, 제한된 시간이었지만 정확한 문제 제기와 유머가 있어 예정된 시간이 빠르게 흘러갔다.

"그럼 마지막 주제로 넘어가겠습니다. 그것은 동아시아의 평화라는 관점에서 일본이 어떤 나라가 될 것인가 하는 것입니다. 아마도 관건이 되는 문제의식은 '일본이 전쟁하는 나라가 되어 버릴 것인가, 전쟁을 하지 않는 나라의 길을 관철할 것인가'에 초점이 모아질 것으로 생각합니다. 그리고 구체적으로는 헌법, 평화헌법을 어떻게 할 것인가, 어떤 헌법이기를 원하는가 하는 문제와 크게 연관되어 있을 것으로 생각합니다.

따라서 마지막으로 4명의 패널 분들이 '평화헌법을 어떻게 생각하고 계신지, 그리고 일본의 진로에 대해 어떻게 생각하고 계신지, 어떻게 해야 하는지, 지금 어떤 방향으로 가려고 하는지' 등의 현상 분석도 포함하여 이야기해 주셨으면 합니다."

[스나가]

　제가 시베리아에서 돌아온 것은 1947년 11월이기 때문에 일본 헌법은 이미 만들어져 있었습니다. 그러나 제가 헌법을 실제로 본 것은 1948년이 되고 나서였습니다. 제가 그 헌법을 신문에서 처음 보았을 때 전쟁 포기라는 조항이 있어, 내가 이 신문을 읽고 있는 것을 누군가 본 것은 아닐까라는 생각에 무심코 신문을 숨겼습니다. 제가 20여 년 동안 받은 교육 속에는 평화라든가, 혹은 전쟁을 하지 않는다는 것을 생각하는 것 자체가 범죄라는 것이 몸에 배어날 정도로 강조되어 있었으니까요. 그러므로 제가 평화 문제에 대해 생각할 수 있게 된 것은 제가 정말로 새로운 삶을 맞았기 때문이고, 그것을 깨달았을 때 비로소 헌법의 평화 조항이 얼마나 고마운 것인지 느낄 수 있었습니다.

　어느 날, 저희 아버지께서 말씀하셨습니다. 제 어머니는 1939년(쇼와 14년)에 돌아가셨는데, 전후에 와서 아버지께서 "네 어머니는 일찍 돌아가셔서 다행이야."라고 하셨습니다. 무슨 소리냐 하면 "아이가 외지에서 전쟁으로 죽었다는 소식을 듣기 전에 죽었기 때문에 다행이라는 거야. 부모에게는 자식이 먼저 죽는 것이 가장 힘든 고통스러운 일이거든."이라고 말했습니다. '부모보다 먼저 가는 불효'라는 말이 있는데, 이런 불효자를 만들지 않는 것이 이 평화 헌법의 시대일 거라 생각합니다.

[김]

헌법을 바꾸려면, 일본 주변국과의 신뢰 관계를 재정립할 것인가 하는 것에 대해 일본의 정치가가 잘 생각해야 한다고 생각합니다. 저는 헌법이 바뀌는 것을 걱정하고 있습니다.

[조]

평화헌법에 대해 한국 시민 단체는 매우 큰 관심을 가지고 있습니다. 일본은 여러 면에서 국제적인 리더십을 발휘하고 있습니다만, 평화헌법을 개정해 버리면 그런 일도 일절 할 수 없다고 생각합니다. 그래서 우리는 결코 평화헌법을 개정할 수 없다고 생각합니다. 하지만 그렇게 생각하면서도 헌법 개정의 향방에 대해서 숨을 죽이고 보고 있습니다.

네 사람의 발언을 받아 아사이 씨가 발언했다.

"저 자신은 뭐라 해도 평화헌법 개악은 용서해서는 안 된다는 입장을 분명히 밝힙니다. 혹시 이 회의장 안에 '4명 모두가 평화헌법을 지지한다는 것은 어쩐 일인가. 이 심포지엄은 무엇인가.'라고 하는 분이 계실지도 모르겠지만, 그만큼 이 평화헌법이, 실은 보편적 가치를 가지고, 인류의 재산이 될 수 있는 풍부한 내용을 가진 것이라는 점을 김 선생님이나 조 선생님의 발언도 뒷받침하고 있는 게 아닌가 생각하며, 그러한 자신감을 양식으로 삼아, 앞으로의 헌법 개악 움직임에 대해 우리가 자각과 결의를 가지고, 물러날 수 없는 결의로 대처해 나가야 한다고 생각합니다. 또 그것을 완수하는 일본이야말로, 동아시아에서 인정받는 일본이라는 것도 인식을 새롭게 해주시면 고맙겠다고 저는 생각합니다."

아사이 씨가 이렇게 말했을 때, 회의장에서 '아, 과연.'이라는 소리가 들렸다. 인류의 보편적 가치를 지닌 평화헌법을 지켜내는 일본이야말로, 동아시아인들로부터 신뢰받는 일본이라는 지적. 그의 이 지적은 우키시마호 희생자 추도 활동의 의의와 나아갈 방향을 '평화헌법을 지켜낸다.'라는 명확한 목표로 자리매김시켰다. 이와 같은 문제 정리의 훌륭함에 회의장으로부터 감탄의 소리가 터져 나왔다.

[패널리스트의 총괄 발언]

준비에 1년을 보낸 심포지엄도 마무리의 시간이 되었다. 마지막으로 한 명씩 마이크가 돌아갔다.

[스나가]

우키시마호 추도 활동에 줄곧 관여해 와서, '우키시마호 사건으로 돌아가신 분에 대해서 추도하는 것은 어떤 것일까'라고, 항상 생각하면서 하고 있습니다.

돌아가신 분들은 이제 전쟁이 끝났으니 새로운 나라를 만들고, 새로운 가정을 이루어 새로운 미래로 나아가게 되리라는 기쁜 마음으로 고국에 귀향하려고 했을 것입니다. 그 사람들이 이 마이즈루 항구에서 생명을 빼앗기는 사건을 만나게 되었으니, 우리는 그 사람들의 심정과 마음을 어떻게 헤아리고 위로할 수 있을지도 생각해야 합니다. 그러기 위해서는 그 배경이 되는 식민지 지배나 또는 전쟁의 역사라고 하는, 그런 것과 부딪히게 되고요.

즉 우리가 우키시마호 사건을 보는 시각은, 결국 일본의 전쟁 역사와 식민지 지배의 역사를 보는 시각으로도 연결됩니다.

그렇다면 돌아가신 분들에 대한 추도란 어떤 것일까. 그것은 잘못된 역사를 되풀이하지 않게 하는 것입니다. 앞으로 일본이 '같은 잘못을 되풀이하지 않는 나라 만들기'의 길로 나아갈 것을 약속하는 장소가 추도 집회의 장소라고 할 수 있습니다. 이 입장을 견지하며, 계속해 가고 싶습니다. 다만 안타까운 것은, 이것은 자연의 섭리이지만, 제

「심포지엄」전에 추도 공원에서 개최된 60주년 추도 집회

자신이 나이를 먹고 있다는 사실입니다. 그러므로 이런 활동을 젊은이들에게 가능한 한 전승할 수 있도록, 즉 잘 '배턴 터치'할 수 있도록, 더욱 발전하는 모습으로 활동을 해갔으면 합니다. 그래서 저도 아직 힘을 쏟고 싶습니다.

[이토]

저는 18살 무렵 배를 타고 있었는데, 이 마이즈루에서 우키시마호를 만났습니다. 당시는 이 우키시마호 사건이 가지는 의미를 몰랐습니다. 하지만 우키시마호 사건을 영화로 만들어 아시아인들에게 보여줘야겠다는 각오로 뭔가

4. 우키시마호 사건을 이야기로 전하다

단단히 준비해서 한국에 갔는데, 한국 사람들이 아주 따뜻하게 맞아 주었습니다. 우리가 사실을 정면으로 대한다는 그런 자세에서 신뢰가 생겨났다고 실감했습니다. 아시아 사람들과의 교류로부터 생겨난 신뢰를, 지금부터 어떻게 발전시켜 나갈 것인가 하는 것이 큰 테마라고 생각합니다.

[김]

베이징에서 반일 시위가 벌어졌을 때, 내가 가르치고 있는 한 학생이 "일본 상품 불매 운동을 펼치고 싶다."라고 말했습니다. 나는 그 학생에게 "지금 중국에 1만 개가 넘는 일본의 기업이 들어와 있다. 그 기업의 제품을 사지 않는 것은 어떤 의미인가. 일본계 기업에서 일하고 있는 90% 이상의 노동자는 중국인이다. 그럼 자네가 불매 운동을 펼친다는 것은 반일이자 동시에 반중국이 된다."라고 했지요. 베이징에도 중일 관계를 위해 노력하고 있는 이런 젊은 선생이 있다는 것을 잊지 마세요.

[조]

중국 속담 중에 상대방의 입장에 서서 사물을 생각하고 판단한다는 말이 있습니다. 저는 그 속담을 자주 씁니다. 저는 이번에 마이즈루에는 처음 왔습니다. 마이즈루 귀국 기념관에도 갔었습니다. 전쟁이 끝난 뒤, 66만 명 이상의

일본인이 고난의 나날을 강요당하고 13년간에 걸쳐 이 마이즈루에 귀국해 왔습니다. '고향의 어머니 나라(故郷の母の国)'라는 비가 있었습니다. 어머니의 나라에 돌아온 기쁨. 또 그들을 맞아들인 이 마이즈루 주민들. 그 기분과 그 마음을 역시 소중히 해 나가야 합니다. 이 귀국은 역사적 사실로 남겨야 합니다.

그러면 역시 부산에서 우키시마호를 타고 돌아오는 사람들을 기다리고 있던 사람들, 또한 모국인 한국으로 돌아가는 기쁨을 가진 사람들의 마음을 정말로 충분히 이해할 수 있는 사람들은 이 마이즈루 사람들, 이 교토 사람들이라고 생각합니다. 이런 마음을 소중히 하는 것이 저는 진상 규명이나 배상보다 훨씬 중요하다고 생각합니다.

그러므로 이런 생각을 가지고 희생당한 사람들, 고향으로 돌아가지 못한 사람들을 위로하는 것이 이 추도 집회를 계속 이어가는 의미라고 생각합니다. 이 추도 집회로 서로가 교류하고, 이 깊은 교류가 앞으로의 새로운 시대를 향해 나아갈 것으로 생각합니다.

이렇게 3시간 반에 걸친 심포지엄은 끝났다. 나는 충실감에 젖어 있었다. 스나가 씨와 노다 씨도 기쁜 듯했다.

· 코디네이터로부터 전해진 기대

다음 날 저녁, 아사이 씨의 홈페이지에는 벌써 이번 심포지엄의 내용이 정리되어 있었다. 「우키시마호 사건과 마이즈루」라는 제목의 칼럼 마지막 구절에는 추도 활동이 가지는 의의가 명확히 언급되어 있었다.

저는 우키시마호 사건에 대하여 일본인으로서의 가해 책임을 명확하게 자각하는 입장에 서서, 오랜 세월에 걸쳐 추도 사업을 해 온 마이즈루 시민의 활동은 일본 국내에서 다른 예를 볼 수 없는, 특필할 만한 획기적인 일이라는 것을 감명의 마음을 담아 짚었습니다. 오늘날 일본에서는 과거 일본의 가해 책임을 무마하고, 나아가 과거를 미화하는 움직임이 강해지고 있습니다. 그런 흐름 위에서 과거에 대한 반성에 입각하여 만들어진 평화헌법을 바꾸어버리려는 움직임이 강해지고 있는 것입니다. 이러한 현실에 대해 마이즈루 시민들의 대처는 가해 책임을 직시하고, 역사 인식을 바로잡는 데 기초하는 것이며, 따라서 잘못된 방향으로 나아가려는 일본에 대한 중요한 비판·경고의 의미를 가지고 있습니다.

따라서 추도 사업 60주년을 끝으로 한다는 발상 대신, 70주년, 80주년, 90주년을 염두에 두고 이 추도 사업을 발전시켜 주십사 하고 저는 부탁했습니다. 이러한 마이즈루 시민의 끈질긴 노력과 역사 인식이 일본 국민의 공통 인식이 될 때, 일본 정치가 크게 바뀌는 것을 기대할 수 있기 때문입니다.

히로시마로 돌아가는 열차 안에서, 저는 한 가지 말을 잊은 것을 깨달았습니다. 일본인의 역사 인식이 마이즈루 시민의 인식과 같아질 때, 그리고 일본 정치가 근본적으로 바뀔 때에는 틀림없이 국가적 가해 책임을 마주하게 됩니다. 그렇게 되면 마이즈루 시민의 추도 사업은 일본 전체에 있어서 선구적 사업으로 자리매김하게 될 것이며, 틀림없이 전국적인 주목과 지지를 받게 될 것입니다. 하루 빨리 그런 날이 현실로 이루어지기를, 기대에 부푼 마음을 담아 진심으로 염원합니다.

• '추도하는 모임' - 그 후 그리고 지금

심포지엄 한 달 후인 9월 23일, '추도하는 모임'에서는 사무국 회의를 열어 반성회를 가졌다. 나는 회의 장소인 마이즈루시 노동자 복지 센터에 차를 세웠는데, 문득 보니 노다 씨가 현관 옆의 콘크리트에 걸터앉아 담배를 피우고 있었다. 등을 구부리고 조용히 연기를 내뿜고 있었다. 그

'추도비' 앞의 노다 씨

모습이 내가 본 노다 씨의 마지막 모습이 되었다. 그리고 얼마 지나지 않은 11월 6일, 노다 씨가 사망했다. 78세였다.

　'동아시아 국제 평화 심포지엄'이 끝난 후, 나는 보고서 작성에 전력을 다했다. 논의된 내용은 풍부하고, 앞으로의 추도 활동 지침이 되는 심포지엄이었으므로, 담당자로서 빈틈없는 보고서를 만들어 두고 싶었다.

　우키시마호 사건으로부터 61년째를 맞이한 2006년. 5

월 14일에 '추도하는 모임'에서는 전해 11월에 세상을 떠
난 노다 씨를 추모하는 모임을 열고, 동시에 총회를 개최
하여 고문에 스나가 야스로(須永安郎) 씨, 회장에 요에 가쓰
히코(余江勝彦) 씨를 선출했다.

8월에는 추도 공원에 한글 안내판을 설치했다. 영화 <
아시안·블루>가 일본 국내와 한국에서 상영되면서 재일
동포, 한국에서 오는 분들이 늘어나고 있기 때문이다.

2007년 8월의 추도 집회에서는 한국 전통무용 연구회
교토지부장인 김일지(金一志) 씨가 <위령의 춤>을 선보였
다. 김 씨는 2006년에 추도 공원을 방문하여 '8월 24일에
평화의 마음과 기도를 담아 위령의 춤을 출 수 있다면…'
이라고 생각했다고 한다.

올해, 2008년은 '추도비'를 세운 지 30주년이 된다. 이
를 기념하여 8월 23일에는 마이즈루 시민회관 대공연장에
서 '김일지 한국 전통예술원'의 여러분이 전통 무용을 선
보일 예정이다.

현재, '추도하는 모임'의 회원은 약 200명. 앞으로도 조
금씩이지만, 꾸준히 노력을 계속해 나가기 위해 '추도하는
모임' 사무국은 서로 의논하고 있다.

스나가 씨와 노다 씨가 이인삼각으로 계속해 온 우키시
마호 희생자 추도 활동. "이제 두 번 다시 이런 슬픈 일은
되풀이하고 싶지 않다.", "일본인과 한국 사람들이 사이좋

게 지내기를 바란다.", "평화헌법을 지켜가고 싶다."라는 두 사람의 바람은 느릿한 걸음일지 모르지만, 동아시아의 평화를 염원하는 사람들에게 맥맥이 이어져 갈 것임에 틀림없다.

나 역시 그런 사람들 중의 한 명이고 싶다는 생각이 간절하다.

「우키시마호 사건」 관련 연표

년	월	사건
1937년	3월 15일	우키시마호 준공.
1941년	9월5일	우키시마호 해군에 징용.
	6월 30일	하나오카 광산(花岡鑛山) 사건.
	8월 15일	일본의 패전으로 태평양 전쟁 종결 .
	8월 19일	오미나토 경비부(大湊警備府)가 우키시마호에 출항 명령.
	8월 22일	오미나토항(大湊港)을 출항.
	8월 24일	마이즈루만(舞鶴湾)에서 폭발하여 침몰.
1945년	9월 16일	마이즈루에서 한국으로의 귀국선 제1편 운젠호(雲仙丸) 출항. 우키시마호 생존 승선자 약 900명은 특별 열차로 야마구치현(山口県)을 향해, 센자키항(仙崎港)에서 부산항으로 출항. 우키시마호 승선자 2,000명 이상은 일본에 남았다고 한다.
	9월 18일	『부산일보』에서 우키시마호 사건이 처음으로 보도.
1950년	3월 13일	제1차 인양 작업 개시(후방부).

1954년	1월	제2차 인양 작업 개시(전방부).
	4월 14일	제1회 우키시마호 희생자 추도 위령제(마이즈루 동공회장).
1964년	3월5일	일조협회 마이즈루 지부(日朝協会舞鶴支部) 설립.
1965년	6월 22일	한일기본조약 조인.
	8월 24일	우키시마호 희생 20주년 추도 법회(마이즈루 동공회장).
1975년	7월 28일	우키시마호 희생자 위령비 건립을 위한 제1회 실행위원회.
1977년	8월 13일	NHK 다큐멘터리 <爆沈(폭침)> 방송.
1978년	8월 24일	'우키시마호 희생자 추도비' 제막식.
1984년	5월 15일	김찬정(金贊汀) 씨 『우키시마호 부산항으로 향하지 않다(浮島丸釜山港へ向かわず)』 출판.
1989년	8월 24일	우키시마호 희생자 추도 실행 위원회 『우키시마호 사건의 기록(浮島丸事件の記錄)』 출판.
1992년	8월 25일	생존자.유족 50명이 일본 정부에 사죄와 손해배상을 요구하는 소송을 교토지방법원에 제기(제1차 제소).
1993년	8월 23일	유족 27명이 교토지방법원에 제소(제2차 제소).
	11월5일	'영화 <우키시마호(浮島丸)> 제작 협력 마이즈루 모임' 발족.
1994년	8월 23일	유족 5명이 교토지방법원에 제소(제3차 제소).

1945, 마지막 항해

1995년	5월 24일	영화 <아시안·블루> 마이즈루 촬영(28일까지).
	8월 26일	영화 <아시안·블루>마이즈루 상영회(27일과 합쳐 7회 상연으로 3,600명 관람).
1996년	3월 26일	일본공산당·니시야마 도키코(西山登紀子) 참의원 위원이 참의원 후생위원회에서 우키시마호 사건에 대해 질문.
	5월 10일	'우키시마호 희생자를 추도하는 모임' 발족.
	6월 23일	『우키시마호 통신(浮島丸通信)』 창간.
	8월 24일	후생성 장관의 메시지가 추도 집회에 처음으로 전달.
1998년	8월 23일	우키시마호 희생자 추도비 건립 20주년 기념사업인 링고자 연극 공연 <1998년 여름·바다를 바라보는 군상 이야기>, 심포지엄 '지금 우키시마호 사건을 생각한다' 개최.
1999년	11월	추도 공원 안내판에 페인트가 끼얹어지다.
2000년	4월	추도 공원 안내판의 '식민지 지배' 문자가 삭제되다.
	8월 17일	영화 <아시안·블루>가 한국에서 최초로 상영. 서울 창천교회에서 500명이 관람.
2001년	8월 23일	우키시마호 소송에서 교토지방법원이 판결. 나라에 배상 명령, 사죄 청구는 각하.

2002년	4월 24일	한국 광주시를 방문, 광주 시민과 교류 (28일까지).
	8월 24일	광주시민연대 전 대표, 정책국장이 추도 집회에 참가.
2003년	5월 30일	우키시마호 소송에서 오사카고등법원이 판결. 원고 패소.
	8월 23일	우키시마호 희생 58주년 <얼쑤 공연, 한국 궁중무용과 전통예능의 집회> 개최, 마이즈루 시민과 광주 시민 교류회 개최.
	8월 24일	추도 집회에 광주 시민이 참가.
2004년	11월 30일	우키시마호 소송에서 최고법원이 오사카 고등법원의 판결을 지지하여 원고의 상고를 기각, 원고 패소가 확정.
2005년	3월 26일	중국 북경 대학에서 영화 <아시안·블루 상영, 스나가 야스로(須永安郞) 씨가 '우키시마호 사건과 추도 활동'이란 제목으로 강연.
	8월 24일	우키시마호 희생 60주년 기획 '동아시아 국제평화 심포지엄 우키시마호 사건: 동북아시아 평화를 위한 조건을 생각하다', '동아시아.시민 교류와 문화의 밤' 개최.
2006년	8월 24일	우키시마호 희생자 추도 공원에 한글 안내판 설치.

2007년	7월 26일	일제강점기 강제 동원 피해 진상규명위원회에 의한 '우키시마호 사건 침몰지의 현지 조사 및 간담회' 실시.
	8월 24일	추도 집회에서 한국 무용가 김일지(金一志) 씨가 <위령의 춤>을 선보였다.

저자 후기

벌써 13년 전의 일입니다만, 1995년 4월, 영화 <아시안·블루>의 촬영 준비로 뛰어다닐 때, 젊은 직장 동료로부터 이상한 질문을 받은 적이 있습니다.

"몇십 년 전의 옛날 일을 위해 왜 그렇게 열심히 합니까. 옛날 일을 문제 삼아 이제 와서 뭐하겠어요?"

이런 질문은 자주 듣습니다. 우키시마호 사건은 결코 과거의 문제가 아니라는 것을 조금이라도 설명할 수 있으면 좋겠다고 생각해서 이 책을 정리해 보았습니다.

애당초 역사라는 것은 과거를 그립게 회상하기 위해서만 있는 것이 아닙니다. 현재와 미래에 사는 우리가 사물을 이해하거나, 판단할 때 중요한 '척도'로서 역사는 존재하고 있는 것입니다.

'추도하는 모임'의 사무국장 일을 하다 보면, '한국·조선인에 대한 편견은 아직도 뿌리 깊구나.'라고 실감할 기회가 많습니다.

1999년 11월, 추도 공원 안내판에 페인트칠이 되어 있었습니다. 이듬해인 2000년 4월에는 안내판의 '식민지 지배'라는 문자가 삭제되었습니다. 일상적인 장면에서도 편견과 마주칠 수 있습니다

2005년 '동아시아 국제 평화 심포지엄'을 준비하고 있을 때, 비슷한 또래의 지인이 제게 '경고'해 주었습니다.

"요즘 조선 사람들 일에 열심인 것 같은데, 조심해. 그 사람들은 속으로 무슨 생각을 하는지 모르니까."

"그동안 무슨 일이 있었습니까?"라고 물으니, "아니, 그런 건 아니지만, 조선 사람들은 믿으면 안 돼……"라는 대답이 돌아옵니다.

이 '경고'를 들은 저는 우키시마호 사건을 진정한 의미에서 '해결'해야 할 필요성을 새삼 실감했습니다.

저는 한국·조선에 대한 편견을 줄이기 위해 우선 필요한 것은 '교류'라고 생각합니다. 서로의 얼굴을 보고, 이야기를 해 보고, 함께 무언가를 해 본다. 그러면 서로의 매력을 재발견할 수 있습니다. 우선은 친구가 되어 보는 것이 아닐까요?

'추도하는 모임'에 참가한 덕분에 저는 많은 한국·조선 분들을 알게 되었습니다. <아시안·블루>에 출연한 블루스 싱어의 아라이 에이이치(新井英一) 씨. 처음으로 아라이(新井) 씨 노랫소리를 들었을 때의 충격은 컸습니다. 격렬하

게, 뜨겁게, 마음에 쿵 하고 와 닿는 노랫소리의 강렬함. 금세 팬이 된 저는 '아라이 에이이치 라이브 실행 위원회'를 결성하여, 다 함께 <청하로 가는 길(淸河への道)>을 들었습니다. 마이즈루에는 두 번이나 와 주셨습니다.

저는 '재일(在日)'의 문제를 정면으로 마주보고 노래하는 아라이 씨의 자세, 블루스 싱어로서 노래에 거는 정열, 순수하고 따뜻한 인품을 진심으로 존경하고 있습니다. 신뢰하고 존경할 수 있는 사람과 만난다는 것은 정말 행복한 일입니다.

2002년에 한국 광주에서 만나 알게 된 분. 2005년 심포지엄에서 신세를 졌던 연세 대학교의 조재국 씨. 경의를 느끼는 사람이 늘어나면 그 나라에 대한 존경심도 깊어져 가는 것을 실감할 수 있습니다. 이러한 만남과 연결 고리에 감사하고 싶습니다.

광주시를 방문했을 때, 한국 요리를 다 같이 즐기고 밤늦게까지 술을 마시며 돌아다녔습니다. 그때 함께 술을 마시고 있던 친구가 몹시 취해 말했습니다. "맛있는 술도, 맛있는 식사도, 사람과 사람과의 만남이 있어야 해!" 완전히 동감이었습니다.

스나가 씨와 노다 씨의 이야기 중에서 가장 인상에 남아 있는 것은 여러 가지 과제를 해결하기 위해 이루어진 대화 장면입니다. 젊음도 있었겠지만, 검토에 검토를 거듭하면서 모두 의논했다고 합니다.

그동안의 추도 활동을 되돌아보면, 이 '대화'와 '학습'이야말로 마이즈루의 추도 활동을 키웠다고 저는 생각합니다. 이 책에서는 가독성을 고려하여 장기간에 걸친 대화 내용은 생략했습니다. 예를 들면 노다 씨가 조선인 차별 문제에 직면했을 때, 동료와의 끝없는 대화가 있었습니다. 2005년 심포지엄 준비 때에도 '무엇을 주제로 할까'로 장시간에 걸쳐 의논하고, 출구가 보이지 않는 회의를 반년 정도 계속했습니다. 목적 실현을 위해 모두 열심히 의논하고, 서로 배우는 것. 언뜻 보아 힘들 것 같지만, 실은 즐겁고 가슴 설레는 이 작업이야말로 심포지엄 성공의 원동력이 되었습니다.

영화 감독 야마다 요지(山田洋次) 씨의 작품 중에 <동포(同胞)>(1975년)라는 영화가 있습니다. 이와테현 마쓰오무라(岩手県 松尾村)의 청년들이 뮤지컬 공연을 모두의 힘으로 성공시켜 나가는 내용이었습니다. 야마다 감독은 청년들의 끝없이 이어지는 대화를 유머 가득하게 정성껏 파악하고 있습니다. 우리 '추도하는 모임'의 논의도 똑같았습니다.

<동포> 중에서 주인공 역의 데라오 아키라(寺尾聰) 씨가 '행복'에 대해 말하는 장면이 있습니다.

"…… 공연이 끝난 뒤, 친구인 아이(愛) 군과 늘 공연 준비로 정신없던 시절의 추억을 이야기합니다. 어떻게 저렇

게 몰두할 수 있었는지 신기하다는 생각이 듭니다. 그리고 앞으로의 내 인생에 그렇게 몰두하는 일이 몇 번이고 있으면 좋겠다고 생각합니다. 어쩌면 행복이란 그런 것이 아닐까 하고 아이는 말합니다."

스나가 씨와 노다 씨의 40년 이상에 걸친 추도 활동도 정신없이 뛰어다닌 행복한 나날들이 아니었을까요.

스나가 씨와 노다 씨로부터 이야기를 듣기 시작한 후, 빠르게는 5년 반의 세월이 흘러 버렸습니다. 이제 '후기'를 쓰는 곳까지 와서 진심으로 마음이 놓입니다.

사실, 이 책을 만들려고 마음먹었을 때 어느 출판사와 상담해 보았습니다. 그러나 돌아온 것은 "시나다 씨, 우키시마호 책은 절대로 팔 수 없습니다!"라는 말이었습니다. 여기서 원고는 동면(冬眠)에 들어갔습니다.

그로부터 몇 년이 지난 2007년 1월의 일이었습니다. '이 책을 아주 좋아하는 모임(この本だいすきの会)' 마이즈루 지부 강연회의 강사로 '이 책을 아주 좋아하는 모임'의 대표 고마쓰자키 스스무(小松崎進) 씨가 마이즈루에 오셨습니다. 이때, 우키시마호 사건에 대해 설명하고, 잠자고 있는 원고에 대해서도 상담해 보았습니다. 그러자 고마쓰자키 씨는 "그것은 어떻게 해서라도 출판해야 합니다. 제가 아는 출판사에 이야기해 봅시다."라고 말씀하시고, 고분켄(高文研)에 소개해 주셨습니다. 책이 팔리지 않는 어려운 출판 상황 속

에서 출간해 주신 고분켄 여러분께 깊이 감사드립니다.

이 책이 나오기까지는 '우키시마호 희생자를 추도하는 모임'의 사무국 멤버를 비롯하여 '이 책을 아주 좋아하는 모임'의 대표인 고마쓰자키 스스무 씨 등, 정말 여러분들의 협력을 받았습니다. 진심으로 감사드립니다. 정말 감사합니다.

이 책을 끝맺는 데 있어서, 스나가 야스로(須永安郎) 씨와 지금은 돌아가신 노다 미키오(野田幹夫) 씨에게 진심으로 감사와 존경의 마음을 담아 이 책을 보내고 싶습니다.

2008년 7월 7일

시나다 시게루(品田 茂)

1945, 마지막 항해
: 폭침된 '부산행 귀국선' 우키시마호

초판 1쇄 발행일 2023년 12월 30일
지은이 시나다 시게루
옮긴이 김영식
펴낸이 박영희
편 집 조은별
디자인 김수현
마케팅 김유미
인쇄·제본 AP프린팅
펴낸곳 도서출판 어문학사
　　　　서울특별시 도봉구 해등로 357 나너울카운터 1층
　　　　대표전화: 02-998-0094 / 편집부1: 02-998-2267, 편집부2: 02-998-2269
　　　　홈페이지: www.amhbook.com
　　　　인스타그램: amhbook
　　　　페이스북: www.facebook.com/amhbook
　　　　블로그: 네이버 http://blog.naver.com/amhbook
　　　　e-mail: am@amhbook.com
　　　　등록: 2004년 7월 26일 제2009-2호

ISBN 979-11-6905-025-8(93910)
정 가 15,000원